CATASTROPHE,

IMPRESSIONS,

GRAVES OBSERVATIONS

D'Auguste **ROBERT**

DANS SAINT-PIERRE DE ROME ;

AVEC

Des Réflexions et des Notes secrètes très curieuses

Sur la cour de Grégoire XVI,

TROISIÈME ÉDITION.

PARIS

EN VENTE : CHEZ LES PRINCIPAUX LIBRAIRES.

—

1844

CATASTROPHE,

IMPRESSIONS, GRAVES OBSERVATIONS

DANS

SAINT-PIERRE DE ROME.

CATASTROPHE,

IMPRESSIONS, GRAVES OBSERVATIONS

DANS

SAINT-PIERRE DE ROME.

J'arrivai à Rome le 3 avril, et le lendemain, dimanche des Rameaux, je m'empressai d'accourir à Saint-Pierre.

Ma plume n'aura pas la témérité de décrire l'impression que je reçus la première fois que j'y fis ma visite. Arrivant sur l'immense place qui précède le temple universel où se trouvent deux colossales fontaines et le plus bel obélisque du monde, qu'entourent quatre cents colonnes pleines de statues, me trouvant au milieu de deux mille carrosses, cent mille personnes, m'avançant au bruit terrible des chevaux et des voitures, dominé par le fracas épouvantable des cloches de la Basilique. Monter au péristyle que gardent comme sentinelles les statues équestres de Constantin et de Charlemagne, soulever l'immense rideau qui pend devant l'une des portes du temple, se trouver subitement au seuil de la nef sublime, s'avancer dans l'enceinte entre la double haie formée par les superbes régiments de l'armée papale, arriver à l'autel où retentissent déjà les chants de la fête ; pénétrer dans le sanctuaire où le trône d'or attend le pontife universel qui va venir. C'est là une succession de surprises et de ravissements que la pensée aime à ressusciter comme le plus beau souvenir, mais que la parole ne doit point entreprendre de développer.

J'étais dans la Basilique depuis une heure ou une seconde je n'en sais rien, lorsque tout-à-coup j'entendis naître là-bas, là-bas, vers l'un des cinq grands portails de bronze, les premiers bruits qui annonçaient la procession de la fête. Elle vient cette procession, en chantant des paroles que j'ai entendues souvent dans ma jeunesse, mais qui semblent prendre ici un sens tout nouveau.

Ouvrez-vous ! ouvrez-vous ! O portes éternelles, et le Roi de gloire entrera.

Ainsi chantent les prêtres qui sont encore sur le seuil de l'église : ceux du dedans répondent :

Quel est ce roi de gloire ?

Et les voix du dehors.

C'est le Seigneur fort et puissant, le Dieu terrible, invincible dans les combats. Ouvrez-vous ! ouvrez-vous ! O portes éternelles, laissez entrer le Roi de gloire.

Certes, ce dialogue est beau, les mots de PORTES ÉTERNELLES et de ROI DE GLOIRE, produisent un merveilleux effet sur le seuil de cette demeure qui semble bâtie pour l'éternité, et que remplit seule la gloire du

Très-Haut ; mais l'émotion que le double chant fait naître devient plus vive et plus profonde encore quand on se prend à songer que les mots de *portes éternelles* et de *Roi de gloire* retentissent dans la première basilique du monde.

La procession s'avance ensuite dans l'église en chantant l'hymne qui raconte l'entrée de Jésus à Jérusalem ; pendant que ce cantique résonne sous la voûte immense, on voit venir à travers la grande nef, au milieu des régiments échelonnés, une théorie splendide où sont représentés tous les ordres de la hiérarchie catholique et tous les titrés de la cour pontificale : écuyers, procureurs , généraux , chapelains secrets , avocats consistoriaux, camériers d'honneur, chantres de la chapelle, abréviateurs votants de la signature, clercs de la chambre, auditeur de rotes, grand pénitencier, régent de la chancellerie, référendaires computistes, secrétaires dataires, commissaires, régistrateurs, abréviateurs, préfets, sommistes, chevaliers, gentilhommes *scalco fouriere*, grand échanson ou *coppiere*, intendants, correcteurs, officiers d'honneur, [grands reliquaires, médecins, chirurgiens, bibliothécaires, curseurs, gardiens ;des archives, inspecteurs, interprètes, distributeurs , *Bazzolanti* , grands-vicaires , cardinaux , rois, reines, princes, diacres, évêques, prêtres; et puis les officiers de la garde suisse, les capitaines, les adjudants, les brigadiers, et puis les conservateurs, le sénateur, le gouverneur et les deux premiers maîtres de cérémonies devant la chaise du pontife souverain ; tous vêtus de ces beaux costumes que l'Eglise a recueillis dans les rites des peuples anciens.

Porté par douze écuyers vêtus de rouge, sous un dais que soutiennent huit référendaires de signature en rochet et en *m'antellatta*, le Père suprême domine toute la procession et montre sa tête vénérée qui s'incline sous une mitre blanche et qu'ombragent les deux énormes éventails de plumes soyeuses que l'on porte à ses côtés.

Après lui, viennent encore le doyen de la rote, l'auditeur de la chambre, le trésorier, le majordome, les protonotaires d'honneur ; et enfin les généraux d'ordres, qui, comme on sait, figurent tous à Rome ; la pompe est fermée par cette troupe de fanfarons qu'on appelle les cadets de la garde noble : qui sont tous de beaux jeunes gens, vêtus du plus élégant des uniformes militaires.

De suite il me vint une idée du contraste frappant de ce grand luxe avec la simplicité du triomphe de Jésus-Christ lors de son entrée à Jérusalem, où le roi des rois, le roi du ciel et de la terre, était assis sur une simple ânesse. Jésus-Christ d'un côté, les cardinaux de l'autre, comme tout est changé ! O mon Dieu ! vous étiez pauvre vous, et vos serviteurs sont riches et opulents.

Pour éprouver cette émotion dans toute son intensité, c'est à Rome qu'il faut être ; c'est à Rome qu'il faut voir galopper dans *ces rues privilégiées* (¹), ces équipages cardinaux, d'une richesse et d'un orgueil sans exemple.

L'introït se dit, le célébrant encense l'autel, le premier cardinal-prêtre et le pape. Les choristes de la chapelle disent le *Kyrie* en plein-chant, après quoi on chante la Passion.

Ce dramatique poème de saint Matthieu est récité par trois musiciens qui représentent l'un l'historien, l'autre la foule, et le troisième Jésus. Ce sont une taille, une haute-contre et une basse. Ils sont revêtus de l'aube et de l'étole diaconales; avant de commencer ils vont s'incliner aux pieds du pape et baiser sa mule, ensuite, tandis qu'ils redisent dans les versets alternatifs les dernières douleurs du Fils de l'homme, tous les assistants et le pape lui-même sont debout, et tiennent en main les feuillages bénits. C'est un beau spectacle que celui de cette immense forêt de palmes qui ombragent toute une multitude ; par moments, les voix du chœur s'élèvent pour s'unir à la voix du musicien qui représente la foule des Hébreux.

Le lundi et le mardi, je fus visiter les grandes richesses de l'immense palais aux quatre mille appartements; le mercredi vers les dix neuf heures, en sortant de ma troisième visite du Vatican, je fus à la chapelle Sixtine où l'office des Ténèbres avait lieu. Tout-à-coup un sbire du Pape me frappe l'épaule et me dit de sortir, sous prétexte que je n'étais pas mis décemment c'est-à-dire que j'étais rasé, ganté et en lévite noire et neuve, mais que je n'avais pas ce qu'on appelle l'habit habillé. Je lui résistai trois minutes, lui faisant observer qu'on ne m'avait rien dit en entrant, que maintenant, placé bien avant dans la Chapelle, c'était scandaleux de me faire sortir du milieu de la foule ; le brute *estafier* n'entend pas raison, me saisit, me pousse, et me force à sortir. Le bruit qu'il faisait attira sur moi tous les regards. En faisant le demi-tour pour regagner la porte, mes yeux se portèrent aux bancs ou aux trônes des cardinaux, deux ou trois souriaient à mon affront. Dès-lors je ne sortis plus comme j'aurais dû faire, silencieux et résigné, mais je fredonnais des gros mots dans le nombre desquels je lançais *que toutes ces prières n'étaient que grimaces et vanités.* De ce moment je fus brusquement poussé hors la Chapelle et conduit au poste du Vatican. Dans moins d'une demi-heure, cinq à six ecclésiastiques insistèrent fortement pour ma liberté ; sorti des mains de ces hommes à cotillons, je partis sans remercier les prêtres ni demander mon reste aux sbires (²).

Cependant, je voulais tout voir. Le jeudi saint, au milieu de la semaine de deuil, est comme un soleil qui paraît après trois jours de pluie et qui se cache trois jours encore pour ressortir dans toute sa splendeur. Comment faire, je ne voulais pas acheter un habit, je ne les aime pas ; et puis en voyage on a besoin de tout son argent ; enfin avec une baïocco, ou un sou d'épingles je confectionnai avec ma lévite un véritable habit, assez bien fait pour tromper les très saints cardinaux et les sbires.

Le jeudi, sans incidents je fus à la chapelle Sixtine, ma lévite respectée par les hallebardiers du pape, fut prise pour un véritable habit à la française.

Le Pape vient en mitre de moire d'or et en chape blanche : elle est fermée par *le formule* qui représente un Saint Esprit en relief, entouré de pierreries.

On chante l'*Introït* en contre-point, etc., etc.

Avant l'élévation, douze écuyers en habit rouge viennent de la sacristie avec des flambeaux et se mettent à genoux, six de chaque côté de l'autel.

Quand le cardinal célébrant se lave les mains, un gentilhomme debout lui verse l'eau.

Après l'élévation deux maîtres de cérémonies distribuent les cierges à tous ceux qui doivent assister à la procession.

La messe finie, les cardinaux se dépouillent de la chape qu'ils remettent à leurs gentilshommes, et prennent les ornements sacrés et la mitre.

Les patriarches, les archevêques, les évêques, les abbés mitrés, revêtent la chape blanche.

Au *Pater Noster*, les auditeurs de Rote, les clers de la chambre, les votants de la signature, les abréviateurs, partent immédiatement de la chapelle Sixtine et se rangent le long de l'escalier qui conduit à la chapelle du Saint-Sacrement dans la Basilique.

Les cardinaux s'avancent deux à deux, portant d'une main un cierge et de l'autre leur mître, où ils jettent leur calotte rouge, par respect pour l'Eucharistie que le souverain Pontife porte à pied et la tête découverte. Le Pape s'avance vers la chapelle *Pauline*, sous un dais porté par huit évêques. Cette chapelle magnifique , resplendit des clartés de cinq cent soixante-neuf flambeaux : arrivé devant l'autel, le premier cardinal diacre, fléchissant le genou, prend le calice des mains du Pape et, accompagné de deux écuyers qui portent des torches, il va placer l'hostie au plus haut du plus riche reposoir de la terre. Ensuite le *Sépulcre* est fermé et la clé est remise au cardinal pénitencier.

Toujours dans le même ordre, la procession passe dans l'immense loge de la *Bénédiction*, (on nomme ainsi le lieu d'où le pape bénit la ville et le monde). Le Pape est porté dans une chaise, sous un dais soutenu par huit prélats référendaires.

Arrivé dans la tribune du milieu qui est tapissée de damas rouge et sur laquelle flotte une vaste tente; tout-à-coup les cloches de Saint-Pierre carillonnent avec fracas, tous les canons du château Saint-Ange grondent, les musiques des régiments éclatent en fanfares sur l'immense place du Vatican, où sont alignées l'infanterie et la cavalerie, le peuple et la troupe se mettent à genoux et le Pape bénit le monde et la ville.

On procède ensuite au lavement des pieds. Le Pape

est porté sur sa chaise dans l'une des plus grandes chapelles de la Basilique, décorée de toutes les richesses du Vatican.

Le trône du Pape est sous un baldaquin, deux tabourets sont réservés aux deux cardinaux assistants, la foule des serviteurs qui portent les bassins, les fleurs, les nappes, les bourses, les médailles, les amphores, se range à côté.

Le Pape descend de son trône, deux cardinaux lui attachaient à la ceinture un tablier de batiste plissée orné de dentelles. Il monte sur l'estrade où sont placés les treize Apôtres ; ces Apôtres sont des prêtres et des diacres ; ils sont vêtus d'une soutane de laine blanche avec un bonnet en forme de capuchon ; il ont le pied droit nu.

Le Pape à genoux lave le pied de chaque apôtre dans un bassin de vermeille, il l'essuie, et le baise ensuite ; dans un bassin d'argent porté par le camérier, et contenant treize bouquets de fleurs : il en prend un et le donne à l'apôtre ; le trésorier qui suit en chape , portant une bourse de velours cramosi, fait aussi présent à chacun de deux médailles , l'une d'or , l'autre d'argent.

Le tout achevé le Pape, les larmes aux yeux, se lave les mains, un prince ou le laïc le plus illustre de l'assemblée, lui verse l'eau et se tient devant lui un linge sur l'épaule.

Toute cette cérémonie est fort belle et fort touchante ; la foule se presse pour y assister, des galeries sont réservées aux familles princières, aux grands dignitaires, et aux dames.

Après, les treize Apôtres sont conduits dans la grande salle de la Bénédiction, où les attend une table somptueusement servie ; tous les habits habillés accourent prendre place, le Pape s'y rend en procession avant que les convives se soient assis ; il bénit le festin. Après quoi, revêtu du tablier, il distribue aux Apôtres divers plats que plusieurs prélats au manteau court lui présentent à genoux : c'est également lui qui verse à boire aux convives.

Pendant le repas, un des chapelains secrets de Sa Sainteté fait une lecture pieuse. Dans cette touchante cérémonie, le Pape, malgré ses efforts, ne peut retenir ses larmes.

Au sortir du banquet, les Apôtres reçoivent en présent la vaisselle d'or et d'argent qui leur a servi. On conçoit qu'un pareil honneur et de semblables priviléges doivent être singulièrement ambitionnés. Les ambassadeurs de France, d'Autriche, d'Espagne, de Portugal, le cardinal secrétaire d'état, le cardinal camerlingue, monseigneur le majordome et le capitaine des Suisses, ont le droit de nommer chacun un Apôtre ; deux autres sont au choix du cardinal préfet de la Propagande ; un dernier enfin, de la nation des Arméniens, est élu par le cardinal protecteur de cette nation.

Un autre banquet, bien plus splendide et plus gourmet est servi aux cardinaux ; ils viennent s'y arrondir. Après, ils vont reprendre leurs chapes violettes pour passer dans la chapelle Sixtine.

Vers quatre heures, l'office commence en présence de l'œuvre colossale de Michel-Ange. Maintenant que je ne crains plus les sbires; grâce à un sou d'épingles, contemplons à mon aise l'immense tableau de ce grand maître. On ne peut examiner sans saisissement cette sombre muraille, où le génie du plus sévère des artistes a voulu représenter la plus formidable scène qui puisse être offerte à l'imagination des hommes. Le premier désappointement subi, on admire la puissance de cet artiste qui a su lutter avec tant de courage contre les difficultés invincibles qu'il offrait, et jeter sur un vaste mur la peinture la plus véritablement terrible qui soit sortie d'aucun pinceau. Ensuite, quand les yeux ont eu le temps d'étudier dans tous ses détails cette composition immense, on lui trouve un caractère qu'aucune œuvre de peintre n'a jamais présenté, un caractère de verve furieuse et d'improvisation ardente qui semble le résultat d'une inspiration phénoménale. On dirait qu'un géant des premiers jours du monde a passé un jour dans cette chapelle et qu'il a ébauché cette vision d'épouvante, en quatre coups de pinceau, dans un quart-d'heure d'inspiration frénétique. Aussi, cette géante fresque est moitié une œuvre d'art, moitié une caricature. Ces emblèmes, qui dépassent quelquefois les limites du ridicule, ces pauses grotesques ou *obscènes*, ces hommes qui grimacent, ces figures qui se tordent, ce sont des critiques amères, une vraie prophétie de Michel-Ange, nous donnant le portrait de la corruption et de l'irreligion de la plupart des prêtres de Rome, et de toutes les pauses et grimaces que les cardinaux font journellement à la chapelle Sixtine.

Tout-à-coup, en faisant ces justes réflexions, un chœur, placé dans une tribune, entonna le *Miserere*, ce fameux *Miserere* qui jouit d'une si haute renommée dans le monde musical ; elle est bien méritée : jamais, en effet, le génie de la douleur (alegri) n'a inventé un hymne plus lamentable et plus gémissant. Ce sont d'abord quelques voix qui pleurent seulement et semblent formuler à peine une angoisse confuse et sans objet : bientôt le murmure devient sanglot, le sanglot se fait clameur ; c'est une succession non interrompue, et toujours, de notes plaintives qui s'agglomèrent et se précipitent. On écoutait au début les sourds gémissements d'une simple rivière ; on entend maintenant les lamentations immenses d'un océan tourmenté par tous les vents du ciel. C'était d'abord la voix d'une ame isolée, c'est maintenant le concert de l'humanité tout entière.

Une pareille musique ne pouvait être destinée qu'à retentir en face du *Jugement dernier* de Michel-Ange ; elle produit devant cette terrible fresque apocalyptique une impression difficile à raconter. Aussi, dans un transport, je me suis écrié : *O mes épingles, que je vous remercie !* En effet, il semble que cette peinture est la toile qui couvre un grand mystère ; il semble que cette musique est l'ouverture du jour suprême, et l'on se prend à croire qu'au moment où la dernière note va mourir, la fresque disparaîtra comme un rideau de théâtre et nous laissera voir la vision du monde à venir.

A mesure que les voix de la tribune achevaient de soupirer les dernières notes du *Miserere*, les ombres du soir descendaient dans la chapelle ; l'œil distinguait vaguement l'assemblée des cardinaux qui, tous couchés plutôt que prosternés sur des coussins cramoisi rouge à franges d'or, ressemblent plutôt à des malades en position de prendre un remède, que de prendre part à l'office dont ils paraissent ennuyés et fatigués.

J'ai omis d'enregistrer deux belles cérémonies qui ont lieu avant l'office. La première, c'est le lavement du grand autel. Sept vases pleins de vin, sept serviettes de lin et sept éponges, sont préparés pour cet objet ; douze chanoines de la Basilique viennent, six après six, laver les côtés et les bases de l'autel. La seconde, c'est la procession des nombreuses reliques qu'on montre à la foule une à une et qu'un chanoine explique à haute voix.

Le vendredi et le samedi j'ai encore visité le Vatican, les sacristies de Saint-Pierre, les catacombes, la coupole, et assisté à de bien belles cérémonies. Je me désespère de ne pouvoir donner plus d'étendue à mon récit. Si je pouvais développer mes idées, je ferais un beau volume sur Saint-Pierre ; mais il faut une autre verve que la mienne. Je ne dis pas de pénétrer dans le gouffre de Rome, pour écrire sur les quatre cents églises, les dix milles prêtres ou moines, les mille couvents, les mille palais, villas et fontaines, et les mille et mille antiquités qui fourmillent de toutes parts ; pour cela il faut un génie.

Pour voir et entendre une grande merveille, il faut le soir du Samedi saint se promener sur les belles allées du mont *Pencius ;* là on assiste à ce réveil triomphant que Rabelais appelait l'*île sonnante.* Un bruit d'airain s'elève de tous les points de la cité pour annoncer le grand jour de Pâque. Ces voix métalliques, les unes sourdes et lentes, les autres vives et rapides, celles-ci terribles comme le roulement de la foudre, celles-là douces et joyeuses comme le chant du rossignol, et toutes confondant leurs harmonies, il résulte de cet ensemble une musique aérienne, profonde, éclatante, infinie, impossible à décrire. Oui, toujours je m'en souviendrai.

La fête de Pâque à Rome, c'est le plus beau jour de l'année dans la première des villes du monde.

De bonne heure le carillon de toutes les cloches qui avaient retenti la veille, de ces cloches romaines dont le timbre grave et profond n'appartient point à d'autres, chante dans les régions de l'air l'aurore de la journée triomphale, alors Rome entière s'é-veille et court à Saint-Pierre. Pendant plusieurs heures de la matinée les rues qui mènent à la Basilique sont comme autant de torrents où passent à flots tumultueux des multitudes de citadins ou d'étrangers, des milliers de voitures de toute forme et de toute couleur, calèches découvertes où sont assises des familles anglaises, landaws qui transportent des personnages diplomatiques ou de simples étrangers, voitures de cardinaux, massives et lourdes, mais fières, orgueilleuses, dorées, blasonnées, étoffées, pompon-nées; chevaux gros, gras, lestes, fiers et pleins d'or, et ces opulentes voitures, devant, derrière, chargées d'un peuple de laquais rouges, verts, jaunes, bleus, etc.; enfin, des régiments entiers qui défilent au son des tambours et des trompettes. La joie est partout; elle est sur tous les visages et dans toutes les paroles; elle est dans la couleur du ciel et dans les fanfares qui éclatent au milieu de ces tourbillons de soldats, de chevaux, de pèlerins, de moines, et surtout sur les visages des belles signoras et signorettes. On parvient sur la place du Vatican, en face du dôme, qui, ce jour-là, semble planer au ciel plus sublime et plus majestueux que jamais.

Arrivé sur le pérystile, j'allai m'asseoir un instant au pied de cette statue de Charlemagne qui est placée en face de la statue de Constantin. Ces deux empereurs sont là comme deux géants protecteurs veillant à cheval à la porte du temple universel. Le sublime édifice n'a pu trouver deux sentinelles plus sublimes.

Or, tandis que j'attendais le commencement de la fête, assis sous le piédestal de notre empereur français, un roulement se fit entendre ; c'était une fournée de trente voitures de cardinaux, qui débouchaient du pont Saint-Ange, arrivant au galop pour prendre place à côté du grand autel de Saint-Pierre. Je rentrai de suite. Encore ici mon sou d'épingle me permit de passer au milieu de la double haie des régiments et de pénétrer assez avant pour voir de près le Pape qui, ce jour-là, officie dans toute sa grandeur.

Un peu avant la messe arrivent tous les chefs des ordres catholiques, tous les titrés de la cour Pontificale, les rois, les reines, les princes, les ambassadeurs, les grands dignitaires, l'état-major. Tous se rangent à des places réservées.

Et puis arrivent les signoras et les signorettes.

—Voyez, disais-je à M. Dagla, ce groupe de brunes fraîches et gentilles ; voyez celle qui parle avec ce jeune homme : quelle douceur ! quelle peau fine ! et l'autre, vis-à-vis : quelle candeur ! quel modèle ! quelle figure romantique ! et puis l'autre : quel air riant ! quel teint rosé ! et puis, de suite : quelle déesse ! et l'autre ! et l'autre ! Dieu, quel charme !..... Tournez-vous un peu ; en voilà des beautés ! quelles mines animées et ravissantes ! et la chute des reins ! et des

yeux! et des cheveux! et des petits sourcis électri-
seurs, etc.. etc. Ah! par exemple, voilà des morceaux
rares!.... quelle vivacité dans les yeux! et l'autre qui
fait les yeux doux à ce moine : c'est la reine des
Vénus!..... Voyez là-bas, là-bas, celle qui.....

— Vous dites :

— Je l'ai vue.....

— Allons donc....

— Je l'ai vue, vous dis-je.....

— Taisez-vous !.....

— Et celle qui nous touche!.... comme tout est
parfait!... Voyez donc ces dix à douze, qui rient avec
ces messieurs : quelles bouchettes de corail !

Ah! par exemple, en voilà qui arrivent, ce sont les
perles des Romaines, je suis ébloui, et celles des cin-
quièmes galeries, quelle tournure, quel air attendris-
sant ; quelle mine amoureuse; elles se sont mises tout
exprès vis-à-vis des cardinaux pour se faire voir.

— O mon Dieu, voyez donc en face de l'état-major!
ô quelles créatures! elles sont toutes des chefs-d'œuvre,
quel air passionné! quel coloris, ne parlons plus des
femmes, mon cher, nous nous damnerions dans
Saint-Pierre.

Le lecteur croira que je grossis; non, lecteur, les
Romaines sont toujours belles, mais le jour de Pâques
elles sont admirables; leur beauté et leur caractère est
difficile à dépeindre, les belles signorettes dans leur
dévotion, car elles sont toutes dévotes, sont rusées et

voluptueuses, elles contrefont à merveilles cette douce pudeur, cette honte virginale, cette molle douceur, cette froideur apparente, cette contenance embarrassée, mais pleine de feu et de désir, cette modestie, cet amour de la chasteté, cette ignorance enfantine et simulée, et les coquines en savent cent fois plus que le premier galant de France.

Pendant la cérémonie, une scène a lieu aux troisièmes galeries, deux dames très bien mises s'apostrophent.

— Otez-vous de là...

— Non c'est ma place...

— C'est la mienne...

(Une poussée).

— Restez tranquille.

— Je veux ma place...

— Tu ne l'auras pas...

— Tu n'es pas catholique...

— Qu'est-ce que cela te f...

— Non tu ne l'es pas...

— Piffe, une giffle.

— Paffe, une riposte.

A la suite du scandale un suisse arrive :

— Monsieur, elle m'a pris ma place !

— Monsieur, c'est elle...

— Otez-vous de là...

— Je ne veux pas.

La plus grosse des signoras tint le coup et remporta la victoire.

Pendant ce démêlé, un monsieur à mauvaise mine me dit :

— Prenez garde au foulard de votre chapeau, on vous le prendra.

— Dans l'Eglise ?

— O mon Dieu oui !

— Dans un pays où tout le monde est dévot ?

— Ils n'en sont pas moins coquins, depuis des milliers d'années jusqu'à nos jours le brigandage s'est toujours plus ou moins perpétué dans le royaume du Pape , les montagnes d'Aquila et de Terracine ont servi de tout temps de quartier-général à ces bandes qui se répandent partout, jusque dans les églises, et, comme vous le savez, on ne peut voyager la nuit, n'importe sur quelle route, sans être exposé.

— Vous êtes étranger, monsieur , où logez-vous ?

— Je ne me le rappelle pas.

— Un fait singulier, monsieur, c'est que les brigands de grandes routes sont tous dévots. Ils se confessent, font l'aveu de leurs crimes, reçoivent l'absolution. Ces brigands s'imaginent qu'un seul acte de contrition suffit pour assurer la rémission de leurs scélératesses, la plupart commettent des meurtres à condition qu'ils se repentiront.

Il existe bien des remèdes pour empêcher les brigands de se perpétuer, mais ces remèdes ne sont pas du

goût des gouvernants, c'est l'*industrie*, l'*éducation*
et l'*instruction* qui corrigent les mœurs. Avez-vous entendu parler des *Spartacus*, des *Marco-Sciara*, des
Zampa, des *Dieci-Nove*, des *Fra-Diavolo*, des *Barboza
Guisèppe-Mastrilli*, des *Piétro-Mancino* et du fameux
Gobertino, qui tua de sa main neuf cent soixante-quatre
personnes et six enfants et qui mourut avec un seul
regret, celui de n'avoir pu atteindre au nombre de
mille comme il en avait fait vœu. Et le célèbre *Aronzo
Albegna*, qui massacra toute sa famille, son père, sa
mère, ses deux frères et sa sœur ; les *Bondino*, les
Maïno, les *Froncatripa*, les *Perella*, les *Corampono*, les
Calabresse, les *Mezzapinta* ; tous ces bandits des époques
récentes, tous ces héros de broussailles, à qui les poètes
du peuple ont consacré de grossières iliades que l'on
chante à la veillée dans les fermes des Marais Pontins,
s'effacent devant la colossale renommée de *Gasparone*.
Ces amis lui écrivent, et voici comme :

> *A l'Illustrissino Signore*
> *Gasparone,*
> *ai Bagni di Civita Vecchia.*

Antonio Gasparone, à seize ans, débuta par tuer
son confesseur qui, ne voulait pas lui accorder l'absolution d'un vol considérable ; il voulait voler de
nouveau avec une conscience tranquille, d'un double
coup de stylet il tua deux soldats qui mettaient la main
lui ; atteint de nouveau dans les broussailles d'un
mâquis, il se défendit contre six carabiniers qui tous

les six tombèrent sous ses coups ; de ce jour data sa gloire : nommé chef de bande , il commandait à quatre cents hommes

— Monsieur est peut-être logé à l'hôtel de Russie?

— Je ne me le rappelle pas, monsieur.

C'est à la tête de cette terrible troupe que, vers 1825, *Gasparone* courait tous les Etats pontificaux et toute la côte de Naples, commettant plus de vols, de meurtres et de déprédations, que jamais héros de son espèce n'en avait accompli. La terreur était partout ; les voyageurs s'arrêtaient quelquefois des mois entiers dans une bourgade, sans oser reprendre leur route. En vain les puissances italiennes avaient-elles mis à prix la tête du bandit, le Pape avait-il envoyé toute une armée de dragons contre la troupe dévastatrice, toute mesure répressive échouait, et il ne restait pour Gasparone qu'un témoignage nouveau de sa force.

Gasparone et sa troupe vivaient comme des êtres surnaturels ; ils connaissaient toutes les cavernes de la Basse-Italie, tous les défilés de l'Apennin : quand on les cherchait aux montagnes, ils étaient aux marais Pontins ; quand les gendarmes étaient aux marais, Gasparone était sur la montagne : on l'eût pris pour un vrai démon, si l'on n'avait su toute sa dévotion à saint Antoine, et la rigueur qu'il mettait à ne pas assassiner les dimanches et fêtes.

— Monsieur est Français ?

— Non, Monsieur, *je suis Nîmois*

Cette impuissance de la vindicte publique était d'autant plus à déplorer, que, de jour en jour, la bande
s'augmentait de nouvelles recrues, séduites par le
prestige de terreur qui accompagnait Gasparone.
Ajoutez que, de jour en jour également, les crimes
des bandits prenaient un caractère plus atroce.

Entouré de partout, quoi qu'il en soit, Gasparone
et sa bande ne se rendirent qu'à condition qu'on leur
laisserait la vie sauve.

C'est ce que l'on fit ; aujoud'hui, le bandit et sa
troupe vivent paisiblement et retirés du monde. Le
diable un jour se fit ermite : seulement leur ermitage
à eux, c'est le bagne ; c'est là, que muni de carte
d'entrée et trois pouls d'étrennes, on est admis à le
visiter (3).

— Vous logez peut-être à la place d'Espagne ?

— Je n'en sais rien.

— Si monsieur voulait, je pourrais l'accompagner ?

— Merci. — Je plantai là l'importun, et je me pro-
menai dans l'église. A mon grand regret, je dois le
dire, la foule accourue dans ce beau temple présente
un tableau de scandale difficile à décrire : on a beau
être prévenu, il est impossible de ne pas tomber dans
un grand étonnement à l'aspect de cette cohue qui
assiste d'une façon si indécente aux plus graves
mystères du premier culte du monde , dans le
temple le plus saint, et devant l'assemblée la plus
auguste.

Des deux côtés du grand autel où la messe est célébrée par le pape, sont placées d'immenses estrades envahies par les femmes; d'autres galeries sont occupées par les familles princières , dans lesquelles on voit le roi de Sardaigne, le roi de Naples et leurs épouses, et quinze à vingt princes. Un peu plus haut, tout vis-à-vis on voit des grands personnages résidant ou de passage à Rome, sans parler des ambassadeurs suivis de tous leurs attachés. Le reste du sanctuaire, c'est-à-dire la partie que la cérémonie a laissée libre, est abandonné aux spectateurs qui portent ce qu'on appelle l'*habit habillé*. Or, durant tout le temps de la messe, que l'on observe les estrades, les galeries, les *habits habillés*, ou la foule, on ne voit partout que le même spectacle de désordre : ici les femmes, qui sont beaucoup moins attentives à la cérémonie qu'au doux regard d'un abbé, d'un moine ou d'un officier ; ou bien au beau et brillant uniforme des gardes du pape ; là, des cardinaux qui se gonflent d'orgueil, ici, des groupes de puissants fonctionnaires, revêtus de tout le luxe de leurs insignes pompeux, et harnachés de mille façons diverses, suivant les nations qu'ils représentent ; ailleurs la tourbe épaisse qui se coudoie, qui se mêle, qui se presse, qui s'entasse, qui se pousse, et qui circule incessamment avec mille bruits : piétinements tumultueux, attouchements à la dérobée, regards piquants, approbatifs ou silencieux, rires non étouffés, causeries, apostrophes, discussions, gros mots, envoi d'un baiser, signal amoureux, œillades, riposte. Enfin les mains, la tête, les yeux, la langue, tout travaille, et chaque personne de chaque nation , d'après ses manières et son baragouin ; tandis qu'un huguenot britannique siffle en anglais l'air de *Robert,* un Français fredonne la *Juive,* un autre lance une épigramme aiguë contre les cardinaux ; là, des jeunes gens passionnés regardent le bout des jambes des belles des galeries ; ici, c'est un jeune abbé, joli garçon, qui, en souriant, adresse un madrigal à quelque belle inclinée au banc de gauche ; là-bas, ce sont deux Allemands qui discutent sur les yeux, la bouche et le teint d'une belle dame ; à côté deux Polonais disent tout haut avoir vu telle et telle dans tel endroit : vis-a-vis, deux Suisses et un prêtre espagnol s'invitent à boire chez *Lepri* au sortir de la messe ; enfin, deux voyageurs de Toulouse donnent rendez-vous à *Victorine* et *Pascaline,* et fixent le lieu à la villa Borghèse entre quatre et cinq heures du soir.

Jamais spectacle profane, jamais ballet d'opéra, où l'on va voir pirouetter des danseuses et tournoyer des jupons, jamais bouffonneries de la foire n'ont inspiré aux assistants plus de sans-gêne et de laisser-aller.

Tous les esprits sérieux qui furent témoins de ce scandale ont dit leur surprise et leur indignation ; pour moi, je suis peiné de raconter de pareilles choses, mais, en bon chrétien, je dois dire la vérité, toute la vérité. Au milieu de cette Macédoine, quelquefois ma pensée remontait aux jours de l'Eglise première , quand l'assemblée des chrétiens célébrait les saints mystères, dans l'ombre des lieux souterrains, sans pompe, sans vanité, et je m'écriais : Comme tout est changé ! grand Dieu !

Tels étaient les souvenirs qui me remontaient en mémoire, aux pieds de l'une des colonnes en bronze qui gardent en dessous la chambre ardente ou la confession de Saint-Pierre.

Vers la fin de la messe, la foule évacue l'église, et vient se ranger sous le péristyle ; en même temps, a place se remplit d'une multitude de nouveaux spectateurs arrivant de la ville, des régiments de fantassins et des escadrons de cavalerie se rangent en bataille, les galeries de la double colonnade se couvrent d'innombrables groupes d'hommes, d'enfants, de femmes; à toutes les fenêtres, à tous les balcons, sur tous les toits des maisons voisines, on voit se presser des myriades de têtes. C'est un entassement, c'est une agglomération d'êtres vivants qui produit l'effet d'un spectacle presque surnaturel et impossible à décrire.

Ce que l'on aime surtout à voir dans cette assemblée fourmillante qui ondoie sous le soleil, ce ne sont pas les rois, les princes, les hauts fonctionnaires, les puissants personnages, portant les insignes de leurs ordres, toute cette clique est sous des tentes, sur la galerie du Vatican. Ce ne sont pas aussi les belles dames à grandes parures qui font trembler ciel et terre, ce sont les pauvres pèlerins et pèlerines venus de toutes les

provinces voisines , et quelques-uns du bout du
la terre , pour incliner leurs têtes sous la main
du pontife ; paysannes de Tivoli, de Frascati, les
plus belles du monde ; montagnards des Abruzzes, au
beau profil aquilin, vieillards en cheveux blancs, portant le bourdon antique du voyageur, enfin, femmes
de toutes les bourgades des Etats Romains, chacune
avec son costume local : les unes coiffées tout simple-
ment de leurs opulents cheveux noirs, où scintillent
les fleurs d'argent et de grosses têtes d'épingles d'or;
les autres, ornées de ce voile aplati sur le front comme
une serviette pliée, celles-ci, en casaque de velours
écarlate qui dessine les plus souhaitables formes;
celles-là, drapées d'une longue robe flottante à l'instar
des statues antiques, leurs majestueux modèles, et
toutes belles de ce type adorable que Dieu n'accorde
qu'aux filles de son Italie bien-aimée. De cet œil toujours prêt au sourire d'amour, de cette bouche fière et
douce, de cette taille royale et de cette allure ca-
dencée, de cette, etc., etc., qui fait succomber au
moins cent fois l'année le plus saint des abbés.

Cependant, mille bruits s'élèvent de ces tourbillons
humains, et mille harmonies planent sur leurs têtes;
ce sont les voix, ce sont les pas de la foule, c'est le
roulement des voitures, c'est le galop des chevaux,
c'est le battement des tambours, et au-dessus de tous
ces fracas, ce sont les fanfares des régiments, les sym-
phonies de trois corps de musiques placés de distance

en distance sur les deux colonnades de *Bernin*, c'est le tonnerre des cloches de Saint-Pierre, c'est un bourdonnement profond, immense, inoui, qui devient une volupté puissante dont l'ame s'empare avec enivrement.

Tout-à-coup, à un signal donné, trois boîtes partent des galeries du Vatican ; alors un bruit terrible se fait entendre, c'est l'explosion de tous les canons du fort Saint-Ange ; ce bruit tombe, et le silence lui succède : un silence de minuit au fond des solitudes.

Le pape vient d'apparaître au balcon de la Basilique.

Ce balcon, nommé loge de la bénédiction, est tapissé de damas et ombragé par une tente qui flotte au vent ; le pape arrive la mitre en tête, porté dans sa chaise par huit prélats, vêtus de robes rouges : placé au milieu de la tribune, il est assis entre deux éventails, un évêque porte un flambeau et un autre évêque tient ouvert un livre où la formule de la bénédiction est écrite. En prononçant ces paroles, qui ne sont pas du tout le *urbi et orbi* dont on fait tant de bruit, mais une assez longue prière divisée en quatre périodes : le vieillard très saint, fait, d'après les coutumes, des gestes qui sont tout ce que l'œil de l'homme peut voir de plus sublime dans l'art des poses. D'abord il quitte sa chaise, et d'une main lente il dessine trois croix sur le peuple, ensuite il élève les bras au firmament et se tourne vers tous les points du ciel, puis, repliant ses bras sur sa poitrine, il s'assied et pleure. Le pontife actuel n'accomplit jamais cette grande cérémonie sans verser des larmes. Je le crois, je me défierais d'un pape qui ne pleurerait pas en de pareils moments : être là, sur le balcon du plus beau temple de la terre, planer du haut des airs sur une multitude prosternée, savoir qu'à la même heure tout Rome et les provinces où le canon à retenti, s'inclinent sous sa main, se sentir le plus auguste et le plus véritablement puissant entre tous les hommes, se manifester dans sa gloire au son des trompettes et des canons, comme Dieu sur le Sinaï au milieu des foudres tonnantes, et puis, faire un retour sur soi-même, et se reconnaître si faible, si pauvre et si périssable, en comparaison de Dieu. Oui, ce doit être là une de ces émotions qui ébranlent l'ame entière, et je comprends, ô saint Père, que vous pleuriez alors.

Pour moi, j'étais fort ému, car je sentais que quelque chose de divin se passait dans les airs, et qu'une vertu d'en haut était dans la parole du vieillard : elle descendait cette parole, lente et sonore, au milieu du silence universel, aucun bruit n'osait s'élever dans l'air où elle retentissait, si ce n'est le hennissement de quelque coursier de cavalerie, et la perpétuelle harmonie des deux géantes fontaines de la place qu'on entendait gronder à midi au milieu de la foule, comme on entend durant les nuits silencieuses retentir les cascades au désert.

Encore un trait à ce tableau, à l'heure où les canons du château Saint-Ange annoncent la bénédiction papale, tous les habitants des contrées voisines qui voyagent dans les vallées ou sur les collines, s'arrêtent et se prosternent, pour recevoir cette bénédiction qui court vers les quatre points du ciel, par delà tous les horizons.

Ainsi, de Terracine à Fano, d'Ascoli à Toscanellà, au bord des lacs, au fond des grands bois, au sommet des monts, partout il est des hommes et des femmes qui s'agenouillent sous le soleil de midi, et la bénédiction universelle répandue au milieu des fanfares sur les cent mille ames présentes à Saint-Pierre, descend en même temps sur une pauvre femme d'un village isolé, qui s'agenouille au seuil de sa cabane en serrant son enfant dans ses bras, et sur quelque pâtre de la montagne, qui se découvre et s'incline au milieu de ses brebis errantes.

Après la bénédiction, le grand pénitencier passe dans son tribunal, où il touche avec un long bâton, tous ceux qui se présentent devant lui pour obtenir la rémission de leurs fautes ; et, par sa baguette, ils obtiennent le pardon de leurs péchés.

Le soir de ce grand jour, on donne au peuple romain un spectacle qu'on peut appeler une grande merveille ; à neuf heures du soir, au signal donné par trois coups de cloches, on illumine tout-à-coup l'église de Saint-Pierre, sa coupole, sa façade, et la double co-

lonnade qui entoure la place (trois cent mille lam-
pions éclairés tout-à-coup par artifice). Je laisse à de-
viner tout ce qui se passe dans la foule, s'il est un
spectacle qui ne veuille pas être vu du parterre par les
dames, c'est bien celui-là.

Le lundi au soir, au château Saint-Ange, on fait la
girandole, feu d'artifice, qui vaut à lui seul le voyage
de Rome; ce spectacle des plus grandioses et des plus
extraordinaires, dépasse tout ce que l'idée peut in-
venter.

Il dure deux heures, et représente des épisodes de
l'Ancien-Testament, les batailles, les triomphes, les
monuments, les fontaines, le Vésuve, etc., etc. Ce feu
d'artifice monstre, que quatre à cinq cents personnes
travaillent un mois à l'avance pour dresser, coûte
trois mille écus romains (*environ seize mille francs de
France*). La gerbe est composée de *cinq mille fusées*
très grosses et de couleurs très variées.

RÉFLEXIONS.

Quand on possède une grande fortune, une haute élévation, qu'on ne fait que manger, boire et dormir, qu'on est entouré de belles femmes pleines de feu, c'est impossible de ne pas s'échauffer.

Les dévots s'imaginent que les cardinaux sont saints, parce qu'ils ont de grands équipages et de grands cortéges pleins d'or ; imbéciles que vous êtes, on vous prend comme les alouettes au miroir, on vous éblouit ; c'est une vraie comédie qu'on vous joue, oui, une vraie comédie. Prenez garde, messieurs les cardinaux, vous ne ferez pas toujours des dupes; le monde s'éclaire, vos grimaces sont connues, réformez-vous, réformez-vous, sinon la religion s'écroule.

En effet, l'Eglise ne devrait-elle pas rabaisser l'orgueil de tous ces cardinaux qui se font pompeusement traîner dans des carrosses dont le luxe fait trembler.

L'Eglise ne devrait-elle pas réformer tous ces abbés qui gaudissent aux cafés, aux théâtres, vivant dans la mollesse, ne faisant que manger, promener, badiner.

L'Eglise ne devrait-elle pas ouvrir les yeux, et mettre

un frein à ces abbés, hardis commes des pages, fiers comme des majors, insolents comme des tambours, à ces abbés qui fanfaronnent dans les rues, aux promenades, et qui content fleurettes aux dames.

A bien considérer tout ce train de vie, on ne peut s'empêcher de dire que ces messieurs ont tout-à-fait oublié qu'ils sont les successeurs des apôtres ; leurs richesses, leurs amourettes, leurs dépenses, leur molle oisiveté, ne s'accordent nullement avec l'Evangile ; si ces gros et gras cardinaux, parce qu'ils ont des habits dorés, de grands équipages, et de grandes suites, se mettent dans l'idée qu'on les croit plus humbles, plus mortifiés, ils se trompent.

Au reste, ils ne pourraient faire autrement que de suivre la pente de leur passion : un grand nombre d'abbés, avec le feu et le désir de leur âge, embrassent la prêtrise, non pas par dévotion, comme cela devrait être, mais comme un état très commode et très lucratif, dans un pays où tout est passion et volupté ; l'incontinence éclate, et d'une manière si générale, qu'on ne peut nullement s'en former une idée; pourquoi, parce que la nature l'emporte : défendez le pain aux enfants, la nature les presse, ils mangent le double ; défendez les plaisirs aux adultes, les besoins de la nature les forcent à tout violer pour les satisfaire. C'est bien reconnu, que la privation aussi violente que les désirs naturels, en allume mille fois l'envie, de même qu'en voulant arrêter par des digues

le cours d'une rivière, on expose les campagnes voisines aux ravages d'irréparables inondations ; en voulant étouffer par des lois, les sentiments de la nature,
on expose ces jeunes gens qui se font prêtres, non par
dévotion, mais par métier, au débordement du vice.

Au reste, depuis mille ans, et plus, rien n'est
changé dans Rome ; saint Jérome fait le tableau des
prêtres de son époque. « Il y en a parmi eux, dit-il, un
» grand nombre qui brignent la prêtrise ou le dia-
» conat, pour avoir les femmes plus librement ; tout
» leurs soins sont dans leurs habits, ils veulent être
» chaussés proprement et parfumés, ils frisent leurs
» cheveux avec des fers, les anneaux brillent à leurs
» doigts, ils marchent du bout du pied, vous les pren-
» driez pour de jeunes fiancés plutôt que pour des
» clercs ; il y en a d'autres dont toute l'occupation
» est de savoir les noms et les demeures des femmes
» de qualité et de connaître leurs inclinations. »
Saint Jérôme n'a pas crié seul sur l'inconduite de
la prêtrise : l'abbé Trithème disait à ses confrères :
» Vous, messieurs les abbés, qui passez les journées
» entières dans les plaisirs impudiques, dans la mol-
» lesse, dans l'ivrognerie et dans le jeu, que répon-
» driez-vous à votre fondateur, saint Benoit ? »
Saint Bernard, sermon premier, dit encore en parlant des prêtres.

« Seigneur, bon Dieu ! ceux-là sont les premiers à te
» persécuter, qui ont la primat en l'Eglise, ils per-

» vertissent le peuple par leur méchante vie, au lieu
» de le régir et le gouverner par de bons exemples. »

Voici les propres paroles de saint Cyprien tirées de ses œuvres (*Hist. Ecclés.*, t. ii, p. 168; édition in-12. année 1725.)

« Chaque prêtre court après les biens et les hon-
» neurs avec une fureur insatiable, les évêques sont
» sans religion, les animosités divisent les chrétiens,
» les évêques abandonnent la chaire pour courir aux
» foires et pour s'enrichir par le négoce. »

Marcelin, auteur consciencieux, criait beaucoup contre le luxe de l'Eglise de Rome.

« Les prêtres de Rome, dit-il, sont tous débauchés,
» ils emploient la fourberie, l'intrigue et la ruse pour
» monter en grade et ramasser des richesses, plus fiers
» que les rois, ils vivent dans la mollesse et les délices
» et se font traîner dans des chars d'or. »

Ecoutons la prophétie du vénérable archevêque d'Armach, le plus saint et le plus grand génie de l'é-poque, mort entre les bras de saint Bernard, abbé de Clairvaux.

» L'orgueil et la corruption règnent dans Rome, le
» juge redoutable la condamnera, et la ville à sept
» montagnes sera détruite. »

Beaucoup d'autres saints personnages, entre autres saint Augustin, prophétisaient au clergé de leur temps la destruction de la religion par suite de l'opulence de leur richesse, et leur dispute de moine à moine, de père à père, au fur et à mesure que les peuples s'éclairent la prophétie s'accomplit.

Ce qui démontre la voracité du clergé de **Rome**, c'est que les cardinaux se plaignent beaucoup de n'avoir plus leur ancienne autorité de lancer d'anathême, de détrôner les rois et de s'emparer de tous les trésors qui tombaient en leurs mains. *Valentinien* et *Gratien*, par des édits, mirent un terme à la furieuse rapacité du clergé de l'époque.

Mais plus tard, la furie d'accaparer reprit son cours ; la loi épiscopale du xive siècle démontrera à jamais jusqu'à quel point les cardinaux portèrent l'avidité des richesses. Cette loi, fort heureusement tombée, ordonnait aux testateurs de stipuler dans leur testament *sous peine de nullité* ET DE DAMNATION ÉTERNELLE, des donations en faveur de l'Eglise, avec privation de sépulture ecclésiastique contre les gens qui mouraient sans faire de testaments ; de sorte que si le Dieu des armées, qui a foudroyé un fois les orgueilleux rebelles de la moitié du ciel, n'avait pas mis la main à l'orgueil de Rome, dans quelques siècles, tous les biens de l'Europe seraient tombés au pouvoir du clergé.

Ce n'est pas sans raison que saint Benoit, saint Cyprien, saint Jérome, saint Bernard, saint Augustin, etc., etc., ont tant crié contre cette rage de ramasser. Je ne suis plus surpris si dans le temps on a vu tant de factions, tant de divisions, d'anti-papes, des papes fugitifs, des schismes, des hérésies, des papes exilés, emprisonnés , dépossédés, égorgés et traînés dans Rome ; la majeure partie de ces malheurs venaient de ce que les cardinaux s'attachaient trop au temporel, et pour ne pas suivre l'exemple de leur maître qui prêchait *que son royaume n'était pas de ce monde.*

La cour de Rome, malgré le point central de la religion, n'est pas plus exempte de corruption que la cour de François Ier, de Catherine de Médicis, d'Henri IV, du Régent, de Louis XV, etc., etc. Rome païenne a eu ses Néron, Tibère, Diagobale, Caligula, etc., etc. Rome chrétienne, les Pie VII, Léon X, Alexandre VI, Sergius III, Jean X, XI, XII, etc., etc. La France a eu ses Dubarry, ses Pompadour ; Rome païenne, ses Sophies, ses Messaline ; Rome chrétienne, ses Morasie, ses Théodora, etc., etc. La religion n'a rien corrigé, tout le contraire ; le mauvais exemple que la plupart des prêtres donnent dans Rome, rend ce pays *plus corrompu et plus voleur qu'aucun autre pays du monde.* (4)

Votre luxe et vos grandes fortunes, messieurs les cardinaux, sont contraires à l'Evangile : Jésus-Christ a été pauvre, vous êtes riches ; Jésus-Christ a payé le tribut, vous autres, vous l'exigez ; Jésus-Christ a été soumis aux puissants, vous autres, vous êtes orgueilleux et puissants ; les apôtres allaient à pied, leur maître un jour solennel, monta une simple ânesse, vous autres, vous vous croiriez déshonorés d'une voiture ordinaire, il vous faut des carrosses de cent mille francs, *cinq la-quais* ; Jésus-Christ mangeait tout ce qu'on lui pré-sentait sur la table, vous autres, vous choisissez les mets les plus délicats. Quelle différence ! les Apôtres, simples dans leur mise, vivaient dans la misère, les souf-frances, les persécutions, ils exposaient leur vie pour convertir les fidèles ; les cardinaux, beaux habille-ments, beaux carrosses, vivent dans l'aisance, la splen-deur ; en voyant les Apôtres pauvres, résignés, et les cardinaux orgueilleux et riches, ne sommes-nous pas en droit de les regarder comme des gens qui font un métier, une comédie, ne croyant nullement à tout ce qu'ils font.

Vous avez profité des temps d'ignorance et de su-perstitions pour nous dépouiller et pour nous fouler aux pieds, pour vous engraisser de la substance des malheureux. Tant que le monde sera borné et qu'on croira aux grandes rigueurs du purgatoire et de l'enfer, exagérées par vous, vous brillerez ; le purgatoire et l'enfer vous enrichissent, rendent vos palais semblables à des boutiques de bijoutiers, de cabinets de curiosités ; le purgatoire et l'enfer vous donnent des beaux che-vaux, des belles voitures, de beaux palais, de belles villas ; le purgatoire et l'enfer remplissent vos coffres, engraissent vos laquais, vos servantes, et vous donne vous autres le rotondité de vrais fainéants.

Il y a certainement dans Rome de bons ecclésias-tiques, qui excitent en moi de la vénération, mais le nombre est petit, très petit ; j'en connais deux, Grégoire XVI et le général des Capucins, mais je ne pourrais jamais digérer cette troupe de dévots, qui veulent me persuader qu'on doit croire, respecter tous les cardinaux, sans examiner s'ils sont dignes du saint ordre qu'ils ont embrassé.

Jésus-Christ et ses Apôtres, humbles, sans vanité et tous égaux, s'appelaient serviteurs de Dieu, ils ne se mêlaient que du salut, pas de luxe, pas de chefs supérieurs ; les cardinaux lèvent la tête, et se disent plus grands que les rois. Les Apôtres étaient pénibles et polis, les cardinaux sont sans gêne, et ne vous rendent point le salut ; Jésus-Christ et ses Apôtres recommandent la pauvreté, donnent l'exemple de pauvreté, et les cardinaux vous chassent de leur présence si vous n'avez pas un habit.

L'orgueil est une maladie terrible, il perdit la moitié du ciel, il perdra Rome ; la contagion est dans Saint-Pierre et gagne l'autel ; les Apôtres étaient simples dans leur habillement, les cardinaux sont chamarés d'or ; tous ces messieurs se donnent arrogamment pour les ambassadeurs du ciel et protecteurs de nos ames ; mais ils me permettront de leur dire qu'ils feraient mieux, beaucoup mieux de s'occuper des leurs, si un chameau passe plus facilement par le trou d'une aiguille qu'un riche n'entre au ciel, où diable iront leurs ames ; si un homme prodigue son argent, ne faut-il pas regarder comme un fou celui qui lui confie le sien.

Si, à l'exemple de leur maître, les cardinaux étaient pauvres, soumis, si les cardinaux guérissaient les malades, redressaient les boiteux, je croirais à ce qu'ils font ; mais comme ils font le rebours de leur maître, je ne les crois pas.

Jésus-Christ est né pauvre et a toujours resté pauvre, les cardinaux n'ont jamais assez d'argent et veulent toujours s'élever ; comment supposer que des hommes qui prennent une route si opposée à celle de leur maître soit bonne au salut. Les Apôtres faisaient tout gratis, les cardinaux font tout payer, pas d'argent pas d'honneur ; au lieu d'imiter les Apôtres dans leur désintéressement, nos prêtres, d'après les ordres des cardinaux, vendent toutes les grâces spirituelles : ils baptisent, c'est pour l'argent, ils chantent c'est pour l'argent, ils vous marient, c'est pour l'argent, l'argent, l'argent, toujours l'argent ; voulez-vous aller au ciel tirer une ame du purgatoire, l'argent, l'argent, toujours l'argent, et cependant Jésus-Christ (*S. Matt.*, chap. x) défend expressément l'argent : *ne possédez*, dit-il, *ni or ni argent*.

Enchaînez, messieurs les rouges, ces pâles campagnards qui vous apportent tout leur argent, enchaînez ces malheureux qui se privent et s'épuisent pour fournir à vos grandes richesses ; à la vérité, vous leur promettez beaucoup de l'autre côté de la vie, mais aussi s'ils manquent à leur présent, vous les condamnez à l'enfer.

Malheureux que vous êtes, c'est vous qui brûlerez, parce que vos richesses mettent la consternation partout ; c'est vous qui brûlerez, parce que votre luxe scandalise tout le monde ; c'est vous qui brûlerez, parce que votre orgueil détruit la religion ; c'est vous qui brûlerez, hommes bouffis, chez qui tout abonde, et non le pauvre peuple qui mange son pain pour nourir ses poux.

C'est vous encore une fois qui brûlerez, parce que Jésus-Christ l'a catégoriquement prononcé (*S. Matt.*, chap. xix).

Les Apôtres et les premiers chrétiens s'assemblaient fréquemment pour prendre leur modeste repas, les cardinaux s'assemblent souvent pour faire des repas gourmets, s'enivrer, cabaler, et se quereller les uns les autres, pour arriver aux premiers grades. Si vous faites de justes observations, de suite ils vous disent avec une maxime banale : *Faites ce que l'on vous dit, et non ce que vous voyez faire.* Quelle folie !

Ce qui révolte, c'est d'entendre tous les jours prêcher les cardinaux contre la corruption et l'irréligion, et eux-mêmes donnent l'exemple de la corruption et de l'irréligion.

Comme je l'ai dit , dans le nombre des prêtres de Rome, il y en a de bien bonne foi, qui croient pouvoir supporter les privations, l'appât des honneurs, l'espoir d'une existence aisée les séduisent, ils se persuadent facilement qu'ils se mettront au-dessus des besoins naturels, ils s'engagent dans les ordres sacrés, ils se dévouent au ministère des autels, ils s'efforcent de vivre dans la continence, ou ils s'abandonnent, à des pratiques criminelles. Qu'arrive-t-il? la présence de ces belles et jolies brunes qui les entourent, de ces belles femmes voluptueuses et pleines d'emportements amoureux, de ces belles femmes agaçantes et brûlantes de désirs, qui se prêtent à tout avec tant de complaisance, ils souffrent, ils se tourmentent, ils luttent en vain contre le besoin dominateur, une triste réalité succède à une agréable illusiou, brûlant d'un même feu ils succombent, ils se repentent d'avoir embrassé un si pénible état, ils le quitteraient s'ils étaient libres, ne le pouvant pas, ils cèdent de plus en plus à l'entraînement irrésistible de la nature, ils deviennent coupables, et portent dans le sanctuaire une ame souillée et un cœur flétri par le vice ; ils s'adonnent à toutes les perversités de leur penchant, au lieu d'édifier les fidèles, ils les scandalisent, ils corrompent la morale, et cette belle colonne qui promettait beaucoup, pourrit, l'édifice s'ébranle, la clé de la vertu menace, et les fidèles raisonnables manquant de confiance, se retirent du temple.

La religion ne fut destinée par Jésus-Christ, que que pour nous apprendre à modérer nos désirs, à calmer nos passions et à être utiles et bienfaisants, les uns pour les autres ; tout ce qui ne contribue pas à cette fin, ne doit point être appelé religion. Je le répète avec la plus parfaite sincérité, personne n'a plus d'estime, d'attachement et de respect que moi pour les personnes du clergé (surtout ceux de France, qui sont bien au-dessus des prêtres romains), et dont la vie et les mœurs sont conformes aux vues de Jésus-Christ. Mais comme cette profession est très honorable, l'on ne peut trop décrier ceux qui sont vicieux, et qui deshonorent l'ordre. Cela irrite les personnes fanatisées; mais ne vaut-il pas mieux couper le poison dès le commencement?

Arrêtez et punissez tout homme qui fait une faute à la société, personne ne trouve à redire ; démasquez une faute grave d'un prêtre, tous les dévots vous créveraient les yeux, comme si Judas qui se pendit, avait deshonoré les douze Apôtres.

Je ne conçois pas par quelle fatalité, il arrive que, pour peu qu'on touche aux cordes vicieuses du moindre ecclésiastique, sur le champ tout ce corps est en branle, les dévôts s'y joignent et vous criblent de toutes les horreurs connues.

Si en arrivant à Rome, j'avais vu les cardinaux réellement pieux, qui ne courussent point aux plaisirs, aux honneurs, aux richesses, ils auraient eu toute mon estime. Se rire de ce qu'on me chassait du temple parce que je n'avais pas un habit pointu, je les méprise, je leur crache à la figure et je les dénonce au monde, comme des imposteurs.

Jésus-Christ pauvre, doux, humble, persiste dans la pauvreté, prêche la pauvreté, et dit expressément à ses Apôtres : *qu'il n'y ait parmi vous ni premier ni dernier*. Pas du tout, le premier prêtre se fit évêque, puis archevêque, patriarche, puis arrivent les cardinaux qui s'élèvent au-dessus des rois de la terre, des anges du ciel, égaux à Dieu, cassant des saintes lois, et en créant de nouvelles.

Comparez maintenant Jésus-Christ, jadis pauvre, doux, humble, obéissant aux princes, et les cardinaux, riches, pleins d'orgueil, et foulant aux pieds les paroles de Dieu.

Ces malheureux parlent de pauvreté, et si vous n'avez pas un habit, ils vous chassent de leur présence, que dirait-on d'un ivrogne qui prêcherait tout ivre contre le vin ?

Comment, vous ne voulez pas qu'on se révolte en voyant les cardinaux, qui font prêcher l'Évangile et ne le suivent pas ! ils prétendent succéder aux Apôtres, et ne font rien des Apôtres ; les Apôtres n'avaient ni ambition, ni juridiction, ni dignités, ni revenus auxquels les cardinaux puissent succéder, nous ne trouvons point dans les saintes écritures, un mot des cardinaux, de ces hommes riches d'or et d'orgueil.

Jésus dit : *que son royaume n'est pas de ce monde*, et lorsque le jeune homme dont il est parlé dans l'Évangile de Saint-Mathieu 19, lui demande ce qu'il faut faire pour obtenir la vie éternelle ; le Sauveur lui répond d'observer les commandements, et que de plus, il doit vendre tout ce qu'il a et le donner aux pauvres, sur quoi il est bon de remarquer, qu'il ne dit point de donner aux prêtres.

Dans le chapitre 20 du même évangile, notre Sauveur fait remarquer à ses disciples, que les princes de la terre exercent leur empire sur les nations. « Mais, » dit-il, il n'en doit point être de même parmi vous, » que celui qui voudra devenir grand parmi vous, » soit votre serviteur, et que celui qui voudra être le » premier soit le dernier. » Il ajoute : « Que le Fils de » l'Homme n'est pas venu pour être servi, mais pour » servir. » Et dans le chapitre 23, Jésus-Christ con-damne tous les prêtres parce qu'ils aiment les festins et les places d'honneurs, parce qu'ils veulent être appeler *Maîtres*. Il interdit cette vanité à ses disciples ainsi qu'à ses autres auditeurs, il leur défend de s'appeler *Maître* entre eux, car, dit-il, « Vous n'avez » qu'un seul maître, qui est dans le ciel, et vous êtes » tous frères. »

Le Sauveur n'a prétendu à aucun pouvoir pendant son séjour sur la terre, ses Apôtres suivirent son exemple : renonçant à leur famille, à leur profession, à toutes les douceurs de la vie, pour parcourir la terre t pour prêcher une doctrine infiniment avantageuse à la vie présente et future des ames, ils n'attendaient d'autres récompenses que l'indigence, que les coups que la mort.

Saint Pierre, chapitre 5, dit, parlant aux prêtres :
« Ayez l'esprit rempli d'humilité les uns à l'égard des
« autres, parce que Dieu résiste aux superbes et donne
« la grâce aux humbles. »

On ne peut trouver de terme plus clair, plus précis,
pour condamner cette séquelle de cardinaux, qui
veulent que le diadème cède à la mître, que les rois se
prosternent, et que tout ce qui n'a pas l'habit pointu,
soit mis hors de leur présence ; quelle différence de
la simplicité des premiers chrétiens avec le galimatias
d'aujourd'hui.

On ne voit à la cour de Rome, qu'orgueil, richesses,
folles dépenses, carosses, livrées, laquais, festins, co-
médies, jeux, finesses, amourettes, ruses, intrigues,
menées. A Rome, les cardinaux ont des priviléges
extraordinaires, les honneurs les suivent partout :
dans l'église, aux processions, aux cavalcades, aux
promenades, ils donnent des grades à leurs domestiques, accordent l'indulgence à qui bon leur semble, et
ne reconnaissent pour supérieur qu'un seul homme
dont ils souhaitent la mort pour le remplacer.

Un cardinal vaut deux témoins, il est dispensé du
serment, et l'on croit sur son affirmation.

La vanité les domine et changant constamment
de bigarure, tantôt c'est une robe à longue queue (de
six aunes), tantôt une soutane, en molette, tantôt
violet, blanc ou rouge, suivant les jours ou fêtes de

l'année, et puis ils se font suivre par un tas de laquais, portant des masses d'or et d'argent.

On les reçoit à la chapelle Sixtine, grande fête, puis au maître-autel de Saint-Pierre, grande fête, première réception à Saint-Jean de Latran, grande fête, cavalcade à toutes les église, grand attirail, ils meurent, grande cérémonie, on les enterre, grand appareil, beau tombeau en marbre chargé d'or et d'argent, et cependant ils ne sont qu'un peu de boue.

Quelle différence de la pureté, de la simplicité du christianisme naissant, à tout ce gâchis.

Bien des cardinaux prennent l'ordre par motif de temporel, comme celui d'avoué, d'avocat, et sans jamais en exercer les fonctions, par paresse ou par débilité : cependant, les Apôtres agissaient sans bénéfice ni grandeurs.

L'esprit du monde se décèle par l'avarice et le désir des richesses et du pouvoir, ce qui fait, que ceux qui sont animés de ces passions, sont appelés des mondains, par opposition aux élus de Dieu, et aux hommes spirituels, je n'ai pas besoin de dire à messieurs les illustrissimes seigneurs les cardinaux ce qu'ils doivent choisir d'une ame charnelle accompagnée de richesse et d'autorité, ou d'une ame spirituelle dépourvue de ces choses ; il est certain que les apôtres étaient aussi pauvres que pieux.

L'éclat des cardinaux scandalise tout chrétien qui fait le voyage de Rome, et s'en retourne moins catholique. Je le demande, comment avoir confiance à des gens qui ne connaissent que la mollesse et la bonne chère. Je vous le dis à haute voix, messieurs, réformez votre orgueil et vos immenses richesses, ou la religion succombe ; vous osez prêcher, malheureux, *que les portes de l'enfer ne prévaudront jamais contre elle*, et c'est vous-mêmes qui en ouvrez les portes à deux battants.

Parlez à un cardinal des vices d'un autre cardinal, il conviendra de suite qu'ils sont composés de chair et d'os comme les autres hommes, sujets aux passions et à la fragilité.

Mais, s'agit-il ici de quelques profits ou de pouvoir, les cardinaux deviennent tout d'un coup plus grands que des hommes, ils sont pour lors *les ambassadeurs du ciel, les successeurs des apôtres, un corps sacré* ; une pareille conduite n'est pas régulière, elle est remplie de contradictions palpables ; n'est-ce pas plutôt par la pratique, que par les paroles qu'on juge de la sainteté d'un ordre.

Il paraîtrait assez naturel de supposer que les cardinaux qui ont reçu une brillante éducation, qui sont journellement dans le temple de Dieu, qu'ils s'entretiennent avec des dévôts sur des matières célestes et spirituelles, enfin, ne s'occupant que de prière, il paraîtrait, dis-je, que de tels hommes devraient avoir des occasions continuelles de se perfectionner dans le chemin de la vertu et de la dévotion, et devraient se

croire obligés de donner de bons exemples, et d'observer les lois de la décence ; en un mot, de tels hommes
devraient être beaucoup meilleurs que les autres; cependant, l'on remarque généralement qu'il n'en est
pas ainsi.

A Rome, la plupart des ecclésiastiques se rendent
coupables des vices, dont les suites sont les plus fu-
nestes et les plus contraires à l'esprit de la religion ;
on les voit ambitieux, orgueilleux, colère, vindicatifs,
luxurieux et gourmands (5) ; et les trois quarts se
parjurent : ils déclarent qu'ils sesentent intérieurement poussés par l'Esprit-Saint à se charger des fonctions du saint ministère. Rien n'est plus faux, ils sont
poussés par le désir d'obtenir du pouvoir, des richesses,
pour doubler leur menton, et tripler leurs équipages.
D'autres, se mettent là, ne pouvant faire autrement;
comment voulez-vous avoir des hommes pieux ,
puisqu'ils débutent en prostituant impudemment leur
conscience.

Je demande si ces hommes qui débutent dans le
monde par se parjurer, ont le droit de nous juger et
nous condamner au feu, et de nous dire que Dieu l'a
ainsi réglé.

Dans quel passage s'il vous plaît, Dieu a-t-il dit de
donner notre argent pour retirer les ames du purgatoire, pour aller au ciel, et que de sots boivent à
ce'te coupe.

Si vous parlez de l'Ecriture sainte, ils disent que

vous ne la comprenez pas, eux interprètent le sens et le font tourner toujours en leur faveur, ils mettent les saintes Écritures à toutes sauces, lorsqu'ils ne peuvent vous convaincre, ils vous étourdissent ; quand ils n'y comprennent rien eux-mêmes, i ls disent que c'est un mystère, quand ils ne peuvent vous perssuader, ils vous font peur, ils veulent que vous croyiez tout ce que nous ne pouvons comprendre, que nous fermions les yeux sur eux, que nous ajoutions foi à tout ce qu'ils disent, et prétendent que la seule foi véritable consiste à croire ce qui contredit les principes et la raison.

Dieu m'a donné des yeux pour voir, des mains pour agir, des pieds pour marcher, chacun de ces organes suit les mouvements naturels auxquels ses fonctions s'assujetissent ; mes yeux ne me trompent point quand ils aperçoivent un précipice, mes pieds s'arrêtent pour éviter une chute, et quand il m'arrive de faire un faux pas, mes mains s'attrapent au premier endroit venu, pour prévenir le mal que je pourrais me faire en tombant ; tout est vérité dans ces organes, comment supposer que Dieu m'ait donné la raison pour me tromper ; Dieu m'a donné mes organes pour m'en servir, et la raison pour guide, tout ce qui me paraîtra incroyable, c'est la raison que je dois consulter ; quand ma raison intérieurement me dira : c'est absurde, c'est impossible, que moyenant argent, on retire les âmes du purgatoire, j'en dois croire ma raison, cette lumière unique, que Dieu n'a donnée qu'aux hommes pour distinguer le vrai du faux, le vice de la vertu ; autrement le guide que Dieu m'a donné me trompe, ce qui ne peut pas être ; et cependant ces hommes rouges ont le courage de vous dire, que devant les mystères de la religion, il faut faire taire la raison, et que l'usage qu'on en fait sur ce point est impie, n'appelant vrais religionnaires que les enthousiastes et les fanatiques.

Mais tas d'aveugles que vous êtes, n'est-ce pas me dire alors, que la religion n'est pas faite pour les êtres raisonnables? à la vérité vous dites : *bienheureux sont les pauvres d'esprit, car le royaume des cieux leur appartient ;* mais pauvre d'esprit est synonyme d'imbécile, donc il faut être imbécile pour être sauvé, c'est bien humiliant ; à la vérité, l'humilité est une vertu chrétienne ; mais vous autres QUI ÊTES BOUFFIS D'ORGUEIL, QUI ÊTES RICHES ET PLEINS D'ESPRIT, OÙ IREZ-VOUS?

Je serai peut-être criblé des propos les plus durs, parce que je dis la vérité sans déguisement ; mais il n'y a que la difformité et le mensonge qui aient besoin de déguisement, la vérité n'a pas besoin de fard.

Les courtisanes ne veulent point que l'on entre dans les chambres où elles font toilette, ceux qui font des tours de gibecières et les filoux ne se soucient pas qu'on leur regarde les mains ; les cardinaux veulent nous en faire croire et n'aiment pas qu'on raisonne. Si vous les questionnez, ils entortillent et habillent la vérité à leur façon , comme si la vérité ne devait pas être nue.

Les cardinaux tirent avantages et font leurs profits de tous les troubles des états et des factions , les frippons se mettent sous leur protection , les hypocrites leur font la cour et feignent de les estimer, les dévots et les enthousiastes sont prosternés devant eux ; chaque événement de la vie contribue à leur bien-être.

Baptèmes, mariages et les morts,
Enflent, enflent sans cesse leurs trésors.

Et ces richesses ne sont que les fruits des simonies et ruseries. La vieille femme, le brigand scrupuleux, les dévots fascinés, le meurtrier, les superstitieux qui veulent manger de la viande ; ceux qui veulent épouser leur tante, leur cousine ; la dévote qui veut des reliques, le pécheur mourant, tout paie pour dorer les rouges.

Je ne crains pas d'affirmer, que les cardinaux ne se guident que d'après leurs passions, leurs intérêts présents, et qu'ils n'ont d'autre mesure pour juger du juste, que ce qui flatte leur orgueil, leur ambition, leur avenir et leur vengeance.

Les peuples s'éclairent, et croyez-le bien Messieurs, un beau carosse, un chapeau rouge, une longue soutane, ne sont point regardés aujourd'hui, comme des marques d'humilité et de vertu.

J'ai vu de mes propres yeux, entendu de mes propres oreilles, je vous le dis tout haut, l'attirail de vos équipages est scandaleux, vos grimaces ridicules. Persister à tromper les hommes qui ne veulent plus se laisser mener par le bout du nez, c'est perdre son temps. Un cheval ne consent à tourner la roue, que quand on lui bande les yeux, et les Philistins ne vinrent à bout de Samson, qu'après l'avoir aveuglé. La religion de Jésus-Christ, telle qu'il la voulait à sa mort est toute défigurée ; je le demande, pourquoi les cardinaux s'avisent-ils de réformer ce que Dieu a fait ; y a-t-il un article dans l'Évangile où il soit dit: *si ce que je fais, ne se trouve pas bien fait, vous pourrez le changer.* Si c'est le Saint-esprit qui leur a inspiré ce changement, il ne prévoyait donc pas le désordre qui en pourrait arriver. Dieu manque donc de prévoyance, Dieu est donc changeant et inconstant ; mais de bonne foi, où en sommes-nous ? quelle est donc notre règle, la religion change-t-elle à chaque siècle , la certitude de la foi dépend de ces principes : *qu'il y a un Dieu incapable de nous tromper.*

Les pères qui ont tout changé, étaient des hommes comme les autres ; leurs écrits sont remplis d'erreurs, à parler en vrai chrétien, il n'y en a aucun qui ne soit tombé dans quelques opinions erronées. Saint Cyprien a soutenu que le baptême des chrétiens était inutile ; saint Jérôme et saint Augustin ont eu de vives et cruelles disputes sur un fait de religion ; Fénelon, Bossuet ont fait de même ; Galilée disant une grande vérité , est condamné par 70 cardinaux qui se prétendent inspirés de Dieu, des bules sont lancées contre ceux qui prétendent qu'il existe des antipodes, et que la terre tourne, quantités de conciles à la suite de vives discussions, où les coups de poings pleuvaient sur ceux qui n'étaient point de l'avis unanime ont changé ce qu'avaient fait d'autres conciles. Si le Saint-Esprit les eut tous inspirés. Ces disputes, ces coups de poings, ces changements ne seraient point arrivés, il aurait également inspiré à tous toujours la même chose.

Quand on demande d'où viennent ces changements entre Jésus-Christ, ses Apôtres et les cardinaux, ces messieurs répondent que Jésus-Christ et ses Apôtres vivaient dans la pauvreté pour apprendre aux hommes le mépris des richesses et du faste ; on prêchait une doctrine toute opposée aux sens, il fallait convaincre le peuple autant par les exemples que par les paroles.

Misérables que vous êtes, pourquoi ne suivez-vous pas l'exemple de Jésus-Christ, pourquoi prêchez-vous avec un zèle infatigable le mépris des richesses, lorsque vous les recherchez avec tant de soin, suivez les traces de Jésus-Christ et des Apôtres, ou brûlez l'Évangile.

Sauf d'être aveugle, est-il possible de poser une question plus claire, je prends pour juges tous les hommes de bonne foi.

Jésus-Christ et les Apôtres édifiaient le public par

leur pauvreté, et vous autres, vous voulez nous édifier avec des revenus de cent mille francs, des grands équipages à cinq laquais, des villa, ou des maisons de plaisance d'un miilion, des principautés, des couronnes temporelles ; faux calculateurs, spéculateurs insensés, mauvais physiciens, vous ne connaissez pas la fin de vos richesses, et vous voulez connaître le cœur humain ; si vous aviez mieux approfondi les vérités de l'Évangile, vous sauriez *qu'il est plus difficile au riche de se sauver , qu'd un chameau de passer par le trou d'une aiguille.*

Mais écoutez donc , s'il est possible qu'un homme qui jouit de cent mille francs de revenus ecclésiastiques soit sauvé, il est possible qu'un chameau passe par le trou d'une aiguille.

Si vous lisiez l'Évangile, vous verriez que non-seulement Dieu condamne le riche , mais il défend à ses Apôtres de recevoir pour salaire la moindre pièce de monnaie, *donnez*, dit-il , « *gratis* ce que vous aurez « reçu *gratis*, ne vous mettez point en peine d'avoir « de l'or ni de porter de l'argent dans votre bourse ; « ne préparez ni sac pour le chemin ni deux habits, « ni souliers ni bâton. (Saint Mathieu, chap. **X**).

Voici, sur l'interprétation de l'écriture sainte, l'expédient que les cardinaux se servent, pour nous confondre.

L'église , disent-ils, est entièrement maîtresse, elle peut ajouter ou diminuer tout ce qui lui semble pro-

.pre au salut, (aux richesses, ils auraient dû dire).

Les cardinaux disent que l'église est soumise à l'écriture sainte, et prétendent en même temps que c'est à l'église à interprêter l'écriture. Ainsi l'écriture ne peut dire que ce qu'il plaira à l'église ou aux cardinaux de leur faire dire, et l'écriture sainte n'a qu'un vain titre d'honneur et d'autorité, tandis que l'église ou les cardinaux ont le souverain pouvoir et l'indépendance absolue, il n'appartient pas même aux chrétiens d'examiner ni de lire l'écriture, l'église ou les cardinaux la liront et l'examineront pour eux et leur diront que ce qu'ils enseignent est tiré de l'écriture, *que c'est à eux à le croire, et que s'ils ne le croient pas ils seront damnés.* Ainsi les cardinaux prétendent n'être jugé que par l'écriture interprétée par eux, ils se soumettent disent-ils à la loi, mais ils veulent qu'aucune autre personne qu'eux-même ne puisse interpréter, ni examiner, ni lire cette loi. L'écriture est donc entièrement soumise à l'église, puisqu'elle est soumise à la traduction qui dépend entièrement de l'église et des cardinaux.

Voilà pourquoi les riches étaient malheureux au commencement de l'église et selon l'évangile, et qu'ils sont heureux aujourd'hui, selon la pratique de l'église ou des cardinaux.

Car enfin, qu'un riche meure, grande suite, grand attirail, tous les prêtres l'accompagnent, prient pour lui et s'enrhument à force de crier les offrandes, les cierges, rien n'est épargné, on chante la messe pour de l'argent bien entendu.

Qu'un pauvre meure, une misérable croix de bois fait toute sa pompe funèbre ; un seul prêtre le suit par pitié, on le jette dans quelque recoin du cimetière : *tu n'as pas le sou , gueux que tu es, pour acheter des prières pour ton ame,* VAS OU TU POURRAS.

Misérables que vous êtes , votre chef vous recommande d'être pauvres, et vos richesses n'ont pas de bornes votre chef, votre fondateur vous défend l'or et l'argent, et sans-cesse vous l'accaparez ; mais brûlez donc l'Évangile ou lisez la prédiction claire de Jésus-Christ.

« Les cardinaux sont assis sur la chaire de saint
« Pierre ; observez donc et faites ce qu'ils vous di-
« sent ; mais ne faites pas ce qu'ils font, car ils di-
« sent ce qu'ils faut faire et ne le font pas. »

« Ils lient des fardeaux insupportables, les chargent
« sur les épaules des hommes, et ne veulent pas les
« remuer du bout du doigt. »

« Ils font toutes leurs actions afin d'être vus des
« hommes, ils portent de longues et larges robes,
» des franges d'or, des crosses, des mitres, des cor-
» dons, des capuchons pointus ; ils s'habillent et se
» déshabillent de telle ou telle façon, deux ou trois
» fois par jour, dans le temple, assis, debout ou cou-
» chés ; au lieu de prier, dorment, bâillent et s'al-
» longent le corps.

» Ils aiment les premières places dans la chapelle
» Sextine, l'honneur d'être appelé excellence, mon-
» seigneur, et de prêcher devant le Pape.

» Ils aiment qu'on les salue dans les places publi-
» ques, *et ne rendent jamais le salut* ; ils aiment que
» les hommes, les appellent maîtres, monseigneurs,
» princes, souverains, etc., etc.

» Malheur à vous, cardinaux hypocrites, parce
» vous fermez aux hommes le royaume des cieux !
» car vous n'y entrez point vous-mêmes, et vous n'en
» permettez pas l'entrée à ceux qui désirent d'y
» entrer.

» Malheur à vous, cardinaux hypocrites, qui dam-
» nez les hommes pour une seule prévarication !
» Pendant que vous en faite mille. »

» Malheur à vous, cardinaux hypocrites, parce que,
» sous prétexte de vos longues prières, vous dévorez
» les maisons des veuves, la substance du pauvre !
» vous prenez le patrimoine du peuple ! Tout retenti
» de vos scandaleuses déprédations !

» Malheur à vous, cardinaux hypocrites, qui faites
» le commerce infâme de vendre les messes et les
» prières ! C'est pourquoi vous recevrez un jugement
» plus rigoureux.

» Malheur à vous, cardinaux hypocrites, parce que
» vous courez les mers pour faire un prosélyte, et,

» après qu'il l'est devenu, votre vie le scandalise, et
» le rend digne de l'enfer autant que vous!

» Malheur à vous, cardinaux hypocrites, parce que
» vos disputes pour ramasser et parvenir ont fait
» massacrer des millions et des millions d'hommes!

» Malheur à vous, conducteurs aveugles, qui préfé-
» rez les richesses d'un bénéfice à la religion! Voilà
» pourquoi tout le monde vous reproche votre luxe,
» dont le siècle même ne donne point l'exemple.

» Malheur à vous, cardinaux hypocrites, qui pré-
» chez l'humilité, la pauvreté et l'abus des richesses,
» pendant que vous regorgez d'or et d'orgueil!

» Malheur à vous, cardinaux hypocrites, qui, aveu-
» glez le peuple en lui montrant les épines et les
» ronces pour arriver au ciel, pendant que vous êtes
» sur de gros coussins rembourrés!

» Conducteurs aveugles, qui avez grand soin de pas-
» ser ce que vous buvez, de peur d'avaler un mou-
» cheron, et qui avalez un chameau!

« Malheur à vous, cardinaux hypocrites, qui net-
» toyez le dehors de la coupe et du plat, et qui êtes
» au-dedans pleins d'impuretés, de corruption et de
» sales voluptés!

» Malheur à vous, cardinaux hypocrites, qui riez
» en faisant chasser du temple du Seigneur les habits
» ronds, sous prétexte qu'ils ne sont pas descents! Mi-
» sérables que vous êtes! Jésus, vôtre maître, vous re-

» commande l'humilité, la pauvreté, et vous chassez
» de son temple ceux qui n'ont pas la tenue d'un bal
» de théâtre ! Quelle indignité ! quelle horreur ! Mais
» brûlez donc l'Evangile ! Ce fait seul, race de vi-
» pères, cœurs viciés, esprits égarés, comble la mesure
» et vous rend dignes du jugement de la gehenne !

» Malheur à vous, cardinaux hypocrites, qui enfrei-
» gnez les lois de l'Evangile, qui corrompez tout le
» monde par des exemples pernicieux ! »

O Religion! la corruption t'épuise ; tes forces dimi-
nuent, ton corps s'appauvrit ; tu vas périr, et ce sont
tes propres ministres qui te tuent !

Quel est l'homme, pour peu qu'il soit susceptible de
réflexion, qui ne sente pas que tout ce qui arrive aujourd'hui à Rome est consigné dans l'Evangile. Je sais
que les préjugés ont une grande force sur nos cœurs ;
mais peut-on se refuser à l'évidence ? Un vrai chrétien,
qui ne sera pas fasciné criera de suite, en arrivant à
Rome, que le train des cardinaux est scandaleux ;
qu'ils ne sont pas dans leur état ; qu'il serait à sou-
haiter qu'on y mît ordre ; que le spectacle de leur
richesse est un grand mal permanent à l'Eglise (6).

Toutes les branches de la Religion ont été desséchées
par la cupidité ; voilà pourquoi les prophéties de
saint Bernard, de saint Augustin, l'apostasie méditée
par saint Paul, sont à la porte.

Voilà pourquoi Sergius III fit jeter dans le Tibre le
corps du pape Formose.

Pourquoi Etienne IX reçut tant de coups dans une sédition, qu'il n'osait plus paraître en public ,

Pourquoi il y a eu tant de schismes ,

Pourquoi un Boniface pilla le trésor de saint Pierre et s'enfuit à Constantinople ,

Pourquoi un autre Boniface fut traîné tout nu à la voirie, dans les rues de Rome, après avoir été assassiné par ses domestiques ,

Pourquoi Jean XV mourut de rage et de faim en prison ,

Pourquoi Sylvestre II fut accusé d'être sorcier, magicien, libertin ,

Pourquoi Jean XVIII fut chassé, convaincu d'avoir acheté la thiare ,

Pourquoi Benoît IX l'acheta ,

Pourquoi Damase se fit pape lui-même ,

Pourquoi Urbain VI fit coudre dans des sacs cinq cardinaux, qui furent ensuite jetés dans la mer ,

Pourquoi Grégoire XII fut chassé du trône papal,

Pourquoi Jean XXI fut un pape plein de cruauté, qui rougit la terre de sang humain,

Pourquoi Pie II était si déréglé dans le boire et le manger, qu'il en creva ;

Pourquoi Sixte IV haïssait tant son confrère le mufti ;

Pourquoi Léon X a fait la pragmatique-sanction ;

Pourquoi Jules II avait tant de goût pour les armes et tant d'aversion pour le breviaire ;

Pourquoi François Ier fit, avec le Pape, un échange si scandaleux du temporel pour le spirituel ;

Pourquoi Clément VII excommunia Henri VIII ;

Pourquoi Paul III et Paul IV firent répandre tant de sang ;

Pourquoi Paul V excommunia les Vénitiens pour une affaire temporelle ;

Pourquoi Grégoire XV voulait qu'on massacrât tous les Turcs pour Jésus-Christ ;

Pourquoi, pourquoi, etc., etc.

Cardinaux, soi-disant apôtres de Jésus-Christ, vous à qui le Messie a recommandé de n'avoir ni or, ni argent, pas même deux habits ; vous qui devez vivre dans la pauvreté, dans l'humiliation, dans l'abnégation de vous-mêmes ; vous qui prêchez la religion d'un législateur soumis jusqu'à la mort de la croix, pourquoi inspirez-vous au pauvre peuple une peur si exagérée de l'enfer, afin de conserver vos immenses possessions ?

Je sais que bien des personnes ont péri, pour avoir dévoilé le fait que j'avance.

En 1142, Arnaud de Bresse, disciple d'Abeilard, décria les gens d'église, disant qu'ils ne devaient point posséder de bien temporel, *il fut brûlé* l'an de grace 1155.

Les Vaudois et les pauvres de Lyon furent traités avec une cruauté inouie, en suivant exactement l'Evangile : ils donnaient tout aux pauvres et prétendaient que les ecclésiastiques devaient suivre leur exemple.

Bon nombre de gens pieux, ont été brûlés ou torturés pour avoir prêché contre les ecclésiastiques qui faisaient signer des testaments pour frustrer d'honnêtes familles de leur patrimoine.

En 1296, Gérard Sagarel, chef apostolique, enseigna d'après l'Evangile, que les successeurs des Apôtres ne devaient point porter d'argent : *il fut brûlé.*

Michel de Césène et Guillaume Okan, furent condamné par Jean XXII, pour avoir soutenu la même cause.

Viclef fut déterré en 1428, 44 ans après sa mort, par ordre du concile général de Constance, composé de « quatre patriarches, quarante-sept archevêques, » cent soixante évêques, cinq cent soixante-quatre » abbés et docteurs, parmi lesquels était le fameux » Gerson, chancelier de l'Université de Paris, *pour* » *avoir affirmé que les Apôtres de Jésus-Christ ne de-* » *vaient posséder aucun bien ecclésiastique.* »

L'anti-Pape Nicolas, fut aussi condamné par le concile d'Avignon, sous Jean XX, pour avoir soutenu qu'ils devaient, eux prêtres, vivre pauvres comme Jésus-Christ et ses disciples.

Cardinaux de Rome, ouvrez les yeux, ouvrez les yenx vous dis-je, et ne touchez point à l'oint du Seigeur, conformez-vous à l'Evangile, vendez vos immenses richesses, et donnez l'argent aux pauvres.

Croyez-moi, changez de manœuvre, réglez-vous sur les ventset les courants, sinon la barque de saint Pierre fera naufrage.

Je sais que mon avertissement ne vous fera rien, mais l'avenir jugera.

NOTES.

Population de Rome en 1840 — — — — — 159660
Hommes — — — — — — — — — 94545
Femmes — — — — — — — — — 65115
Hommes qui ont communié dans la quinzaine de
Pâques de 1840 — — — — — — — — 19192
Idem. Femmes — — — — — — — — 16470
Courtisanes ou femmes connues publiques — — 432
Ecclésiastiques ouvertement connus qui les fré-
quentent — — — — — — — — — 26
Ecclésiastiques assez connus qui fréquentent des
maîtresses — — — — — — — — 116

*Dénombrement des prêtres et religieux de Rome,
grades et personnel de la cour de pape.*

Un pape, six cardinaux-évêques, quatorze cardinaux-diacres,
cinquante cardinaux-prêtres ; les soixante-dix cardinaux représentent les soixante-dix conseillers de Moïse et les soixante-dix
disciples de Jésus-Christ. — Tribunal de la Rote, le plus illustre

(Cette note, *puisée à bonne source*, n'a jamais été imprimée).

de Rome, composé de douze juges, tous cardinaux, parmi lesquels un allemand, un français, deux espagnols et huit italiens ; ils s'assemblent au palais apostolique les lundis et vendredis, et jugent les affaires de Rome et de tout l'univers catholique ; pour avoir gain de cause, il faut gagner trois décisions ou jugement confirmés par quatre à quatre.

Sénateur cardinal : L'ancienne Rome en avait 300, Rome nouvelle 1. Le Sénateur a sous lui juges qui l'assistent 2, grand pénitencier 1, cardinal 1, regent de la chancellerie 1, prélats référendaires ou abbréviateurs du grand parquet dressant minute des bulles etc., etc., 12, camerlingue, trésorier du collége des cardinaux 1, computiste 1, secrétaire perpétuel de ladite trésorerie 1, sous-secrétaire ou clerc national 2, juge de confidence 1, auditeur des contredits de la Rote 1, correcteur des contredits de la Rote ou substitut de l'auditeur 1, avocat de la Rote des pauvres 1, procureur de la Rote des pauvres 1.

Chambre apostolique des Finances.

Camerlingue cardinal 1, vice-camerlingue 2, trésorier-général 1, auditeur 1, président 1, avocat-général 1, procureur fiscal 1, commissaires 2, clercs de chambre 12, préfet de l'abondance des grains 1 ; préfet de toutes sortes de denrées 1, préfet des boissons Abbé 1, préfet des rues Abbé 1, préfet des prisons évêque 1 (ces cinq préfets sont pris sur les douze maîtres des baux des fermiers), maître des dépouilles des bénéficiers 1, maître des baux de fermiers 1, maître de fabriques de monnaie et de toutes les impositions, C. 1, archidiacre ou chef des diacres, ou trésorier général de la chambre apostolique, C. 1, secrétaire d'Etat, C. 1, sous-secrétaires abb. 12, secrétaire particulier du pape, C. 1, sous-secrétaires particuliers cardinaux 6, secrétaire des brefs taxés 1, sous-secrétaires tons cardinaux évêques 24, secrétaire des brefs secrets, C. 1, des brefs taxés, C. 1, préfet de la signature des Grâces, C. 1, préfet de la signature de justice 1, prélats référendaires *votanti di signatura* aspirant tous au cardinalat 12, dataire du pape prélat 1, sous-dataire prélat 1, préfet des compositions 1, réviseurs de la daterie 4, registrateurs 4, abréviateurs de la daterie 4, écrivains apostoliques de la daterie 101, cubiculaires apostoliques 100, abréviateurs du grand parquet 80, registrateurs des bulles 80, maîtres de registres 6, sommiste 1, écuyers apostoliques 100, chevaliers de saint Pierre 100, chevaliers de saint Paul 100, chevaliers du Lys 100, chevaliers laurétauts 100 (tous ces messieurs sont au trois quart abbés ou officiers, et savent tous se servir de ce qu'on appelle le tour du bâton).

Maître du palais apostolique du pape domicain 1, majordome 1, intendant 1, sous-intendants 6 , maîtres de chambre gentilhommes 2, grand échanson ou *coppierc* 1 (donnant à boire au pape genoux terre), *scalco* ou porte-plats 6, *fourrier* ou écuyer tranchant 1 (tous ces messieurs sont des prélats en violets) , cameriers secrets prélats 12, trésorier secret du pape 1, cameriers secrets de la garde-robe 6, chapelains secrets 12, chapelains des gardes 12, chapelains du commun, disant les messes aux corps-de-gardes 12, clercs du commun, priant Dieu aux corps-de-gardes 12, aides 12, valets de chambres du pape 12, cameriers d'honneur, tous prélats de première qualité et de différcute nature 12, cameriers de la boussole ou gardes-appartements 12, cameriers du dehors, tous rouges, accompagnant le pape en cavalcade hors le Vatican 12, *copierc* ou *quirinal du monté Cavalo* 1, *scalco* ou *quirinol du monté Cavalo* 1, *fourrier ou quirinol du monté Cavalo* 1, officiers d'honneur à verges rouges 12, officiers d'honneur marchant devant le pape avec des masses d'argent 12, préfet de la sacristie du pape 1, grand reliquaire 1 (ces deux derniers, gardiens des vases d'or et d'argent, sont évêques impartibus), bibliothécaire du pape C. 1, sous-bibliothécaires prélats 2 (ils connaissent, ainsi que les six interprètes, toutes les langues), maîtres de cérémonies du pape 6, participants 2, surnuméraires, 4; officiers de chambres, 12; sous-officiers, 12, général des Capucins 1 (il commandeà tous les capucins du monde, au nombre de 19000). médecins du palais, 2; médecin secret, 1; apothicaire du pape, 1; allaristes, 4; balayeurs publics du Vatican 30 (on compte 4000 appartements, cabinets, passages ou galeries), balayeurs des musées et de la bibliothèque, 6; balayeurs de Saint-Pierre, 12; barbier du pape, 1; *bax-zolanti* ou huissiers, 12; boulanger du pape pour faire le pain *papelin*, 1; chapelain dit des Indiens, 1; chapelains des suisses, 2; clercs des indiens, 2; chirurgiens du palais, 2; chirurgien secret, 1; confesseur du pape, 1; contrôleur ou computiste dn palais, 1; contrôleur sous-computiste, 1; cuisinier secret, 1; cuisiniers communs, 6; crédancier, 1; curseurs, 6; contrôleur du bois, 1; depansier secret, 1; distributeurs du pain, 3; distributeurs du vin, 3; faquins et portefaix, 100; fleuristes, 12; fourrier major, 1; fourrier mineur, 1; fontaniers du palais, 6; garde robe du palais, 1, garde robe des dortoirs, 1; garde robe général de la bibliothèque, 1; garde robe particulier, 1; gardiens des bulles, 6; gardiens des horloges, 2; campaniers ou sonneurs, 14; gardiens des saints ciboires, 2; peintres, 6; concierges, 12; gardiens des archives du château Saint-Ange, 2: imprimeur de la bibliothèque, 1; relieurs, 6; inspecteurs de belvédère, 2; interprètes des langues, 6; maîtres d'hôtel de cour, 6; jardiniers du *monté Cavalo*, 6; jardiniers du jardin dit des Indiens, 6; maîtres d'étable ou *cavalazizzo*, et maîtres des mules, 6; cochers, palefreniers, ou valets d'écurie, 12; corroyeurs, 2; contrôleur du foin, 1; contrôleur de l'aVoine, du son et de l'orge, 1; massiers du palais, 6; inspecteurs ou mesureurs des des édifices, 2; muletiers, 6; panetiers, 6; poissonniers, 6; prieur de l'infirmerie, 1; sommelier, 1; poulaillers ou dindonniers, 6; fontainier ou purificateur du belvéder, 1; prédicateurs du pape, 2; juges consistoriaux secret 3, cardinal et prélat, 4; juges consistoriaux demi secret, c. et p., 8; juges consistoriaux publics, c. et p. 12; avocats consistoriaux, 12; protonotaires apostoliques ou assistants ou participants, 12; chef de la congrégation du pape, 1; chef de la congrégation du saint office, 1; chef de la cong. de la propagation de la religion, 1; chef de l'interprétation des conciles, 1; chef de la cong. de l'index, 1 chef de la cong. des reliques, 1; chef de la cong, des indulgences, 1; chef de la cong. de la monnaie, 1; autres chefs de différentes cong., 33; chantres, 80; gardiens des chapelles, 12; gardiens des musées, 12; espions connus de la police secrète du pape, 74; gardes de la porte du pape, 12; musiciens, 40; tapissiers, 12; foureurs, 12; estafiers journalier, et de réserve. 40; valets de pied du Vatican et du *monte-cavalo*, avec un chef, 13; chefs d'ordres de toutes les couleurs et qualités, pique-puce, minimes, cordeliers, carmes, dominicains, etc., 46; patriarches de Constantinople, Alexandrie, Antioche. Jérusalem, Aquilée, Indien, etc., 12; chanoines, 148; évêques, 41; *punzoches* ou femmes dévotes quêteuses, 61; religieuses, religieux, jésuites, etc., 4,320; ecclésiastiques de tout genre et de tout pays habitant Rome, 4,960.

Récapitulation générale des Prêtres et religieux de Rome, grades et personnel de la Cour du Pape.

Camerlingue, cardinaux évêques, prélats, archidiacres, diacres, sénateurs, juges, pénitenciers, vicaires, généraux des capucins et autres, chanceliers, régent, référendaire, secrétaires computistes, avocats, procureurs, auditeurs, correcteurs, trésoriers, commissaire de la chambre apostolique des finances, ... 233

Préfets. 10

Maîtres de différentes fabriques, bénéfices, baux des fermiers, impositions, etc. 22

Dataires, prélats, *volanti disignatura*, réviseur de la daterie , régistrateur , abréviateur , sommistes , major-dome , intendants, sous-intendants, etc. 195

Écrivains apostoliques. 101

Écuyers et cubiculaires apostoliques. 200

Chevaliers de différents ordres, savoir : de saint Pierre, saint Paul, du Lys et de Lauretauts. 400

Chapelains. 56

Aides. 24

Clercs de chambres et valets de chambres. . . . 56

Coppière, scalco, fourriers et cameriers. 67

Officiers d'honneur à verges , à masses, etc. . . . 75

Allaristes, reliquaires et bibliothécaires. 14

Médecins, chirurgiens, apothicaires 7

Balayeurs de Saint-Pierre et du Vatican. 48

(On compte à ce dernier édifice, attenant à Saint-Pierre, 4000 appartements, cabinets, passages ou galeries).

Barbier, boulanger et confesseur du Pape. 5

Clercs des Indiens et autres. . . . . , 48

Contrôleurs des différents ordres. . . . . . . , 6

Cuisiniers, credanciers, curseurs, dépensiers, distribu-teurs du pain et du vin. 21

Faquins et porte faits. 100

Fleuristes, fontainiers, garde-robe, sonneurs, gardiens, concierges, peintres, imprimeurs, relieurs 63

Inspecteurs, interprètes et maîtres d'hôtel de cour. . 14

Jardiniers, massiers, muletiers, panetiers , poisson-niers, sommeliers, poulayers, tapissiers, foureurs, etc. . 76

Maîtres d'écuries , cochers, paleferniers , corroyeurs. 20

Chefs de différentes congrégations. 41

Chantres et musiciens. 120

Gardiens des chapelles, musées, etc., etc. 56

Estafiers de réserve et valets de pied. 70

Chefs et sous-chefs de différents ordres, patriarches, chanoines, etc. , etc. 106

Pinzoches ou femmes dévotes quêteuses. 61

Espions connus de la police secrete du Pape. . . . 74

Religieuses, religieux jésuites, etc., etc. 4520

Ecclésiastiques de tout grade et de tous pays, habitant
Rome. 4960

Total général des prêtres et religieux de Rome, grades
et personnel de la cour du pape. 11627

(Il est à remarquer qu'un certain nombre de religieux, de prêtres et autres , ci-dessus mentionné , ont plusieurs grades, et
occupent plusieurs emplois).

Églises de Rome.

Saint-Jean-de-Latran, mère capitale de toutes les églises de la ville et de l'univers ; église très-belle, où se
trouve le reliquaire le plus nombreux et le plus immen-
sément riche de toute la chrétienté. — — — — — 1

La seconde, Saint-Pierre, la plus grande, la plus magnifique et la plus riche de toutes les églises de l'univers ;
le plus grand chef-d'œuvre connu. Estimée en 1841
trois cent millions d'Italie. — — — — — 1

La troisième Saint-Paul, hors des murs très belle. — 1

La quatrième, Sainte-Marie majeur, très-belle et très-
riche ; il existe à l'intérieur , une double colonnade en
marbre, où chaque colonne est d'une seule pièce.— — 1

(Ces quatre églises sont patriarchales).

Églises collégiales gouvernées par des chanoines et par
des chefs, des abbés ou des prieurs ; toutes d'une très-
grande richesse en marbre, dorures, tableaux, mosaïques,
sculptures, etc., etc.— — — — — — — 21

Églises paroissiales gouvernées par des curés, toutes
magnifiques et très riches. — — — — — 88

Églises où il y a des monastères d'hommes. — — 71

Églises où il y a des monastères de femmes. — — 28

Églises, hôpitaux, invalides, orphelins, pélerins, etc.   44

Églises des confréries de gens qui exercent diverses professions ou métiers, toutes dévoués à quelque saints.   39

Églises des confréries des prisonniers.— — — — —   24

Églises des confréries qui dotent des filles pour les marier. — — — — — — — — —   8

Eglises des confréries de diverses charités, dont quelques-unes très belles. — — — — — — — —   22

Églises des pauvres honteux. — — — — — —   14

Églises des bénéficiers à simple tonsure. — — — —   9

Églises annexée ou unies à d'autres. — — — —   19

Églises destinées pour les assemblées de différentes nations, quelques-unes très belles et très riches, savoir : grecque, indienne, armenienne, espagnole, française, anglaise, polonaise, portugaise, allemande, suisse, maronite, flamande, esclavonne, lombarde, siennoise, florentine, génoise, napolitaine, piémontaise, lorrenaise, arragonaise, sicilienne, etc., etc. — — — — —   29

Total général des églises de Rome.   420

(Dans le nombre des églises de Rome, 63 sont consacrées à Marie et 6 à saint Pierre.)

Nombre des grandes ou petites chapelles, de rues, passages, places, chemins, ou dans les maisons des particuliers, quelques-unes riches et jolies, environ : — — 12000

La population de la terre fut évaluée à Rome, en 1840, à 786 millions d'habitants, répartis savoir :

L'Europe. — — — — — — — — 235000000

L'Asie. — — — — — — — — — 412000000

L'Afrique. — — — — — — — — 65000000

L'Amérique. — — — — — — — 44000000

L'Océanie. — — — — — — — 30000000

Total général.   786000000

On divise les religions de l'univers en deux grande classes le

Monothéisme et Polythéisme. Le *Monothéisme* ne reconnait qu'un seul Dieu, il offre le *Judaïsme*, le *Christianisme* et le *Mahométisme*, les sectateurs du *Judaïsme* sont évalué ; à   4000000

Le christianisme comprend l'Église *Romaine*, l'Église *Grecque* le *Protestantisme*, le *Luthérianisme*, le *Calvinisme*, la religion anglicane, etc., etc. Les sectateurs sont évalués à deux cent quatre-vingt-seize millions.

Le *christianisme* est divisé en deux classes, savoir : les chrétiens *purs* et les *séparés* ; les chrétiens *purs* ou les *papistes*, sont évalués à — — — — — — — — — 156000000

Les chrétiens *séparés* ou *schismatiques*. — — 130000000
— La chrétienté compte environ trois cent mille ecclésiastiques, trente quatre mille évêchés, abbayes, ou monastères.

Le *Mahométisme* ou *Islamisme*, comprend la religion des anciens mages, celle des *Slavons* et l'*Odelisme*; on l'évalue à 136000000
Le *Polythéisme* ou *Paganisme* admet plusieurs dieux : il comprend le *fétichisme*, culte d'animaux ; le *Sabeïsme*, culte des corps célestes ; le *Panthéisme*, qui donne des corps aux esprits divins ; le *Brahmisme*, qui admet la transformation de la divinité, sous une infinité de forme, et les cultes de *Sinto* et du *Tao-sse*, professés par les Chinois et les Japonnais. Le nombre des payens, est estimé à plus de 350000000

Les savants ont remarqué, qu'il mourait par an environ la quarantième partie du genre humain ; la population de la terre est évaluée à 786 millions, par conséquent il en meurt environ vingt millions par an (Il faudrait 800 millions d'habitants pour trouver le compte juste. Depuis l'époque de ce calcul le nombre doit être très rapproché). Vu le petit nombre des chrétiens et l'arret terrible prononcé par les *excellents, illustrissimes seigneurs les* Cardinaux, *contre ceux qui sont hors de l'Église*, on ne peut guère compter que sur les deux vingtièmes de sauvés, il reste donc, 18 millions par an, 15 cent mille par mois, 50 mille parjour et plus de 2000 par heure qui tombent à filet d'eau dans l'enfer.

Il s'ensuivrait d'après les cardinaux que la puissance du diable surpasserait de beaucoup celle de la divinité, puisqu'il aurait pour sa grosse part à lui les 18 vingtièmes du genre humain. Les cardinaux se trompent, Dieu est plus fort que le diable, sa miséricorde grande, infinie, son secret sur le jugement des hommes, est incompréhensible, impénétrable, rapportons-nous aux paroles de saint Paul : *Dieu*, dit-il, *a renfermé tous les hommes dans l'incrédulité*, AFIN D'AVOIR LIEU DE FAIRE MISÉRICORDE A TOUS.

(Epitre de saint Paul aux Rom. Chap. XI. v. 52. du nouveau testament dit in-12. Lyon 1842. De l'imprimerie d'Antoine Périsse, imp. de N. S. P. le Pape; et de S. G. le cardinal Archevêque). (Si réellement il n'y avait que la vingtième partie de la race humaine de sauvée, ne pourrait-on pas dire alors que Satan est le Dieu du monde, puisque de vingt hommes il y en aurait dix-huit. Comment donc supposer que Dieu a créé vingt personnes pour en perdre dix-huit.

Ceux qui meurent hors de notre sainte religion, me disait M. Gonët, prêtre à Saint-Michel-Deuzet (Gard), tombent comme la grêle des quatre parties du monde à l'entrepôt central de l'enfer. Et de là, d'après la gravité de leurs péchés, on les distribue dans les différentes régions du gouffre. Allons donc ! Monsieur le curé, ce propos tenu par vous, est un blasphème exécrable.

(1) Les jours de fêtes, certaine rue qui conduit à Saint-Pierre est strictement réservée aux passages des cardinaux : des chasseurs, sabre en main, interdisent le passage à toute espèce de voitures, et ne laissent passer que les équipages cardinaux, qu'ils reconnaissent au grand luxe et au grand nombre de leurs laquais ; et, notamment aux plumets rouges de chaque cheval.

(Tous les cochers sont tenus d'ôter les plumets de leurs chevaux, dès que leurs *Excellences* ne sont plus dans leurs carrosses).

(2) C'est en 1841, que ce malencontreux affront m'arriva. L'impression que je reçus me causa des crises nerveuses telle-

ment fortes que depuis lors je ne puis plus me remettre. Quelques personnes de distinction ayant jugé le fait sans exemple et assez intéressant, je me suis décidé à le publier.

Le dimanche des Rameaux j'avais pénétré au milieu de l'Eglise sans être arrêté par personne ; l'habitude que j'ai de tenir la main gauche derrière le dos, rendait, il est vrai, difficile de bien reconnaître si je portais un habit ou une redingote. J'ai appris depuis lors que, dans les fêtes solennelles, des régiments forment le carré dans l'Eglise, les soldats, placés près des portes, font l'inspection des personnes qui entrent. Celles qui portent des vestes ou des redingotes sont repoussées le long des murs ; il n'y a que les personnes qui portent des habits qui puissent librement entrer et se promener au centre.

A la chapelle *Sixtine*, on ne fait place qu'aux habits ; pas le moindre petit recoin pour les vestes et les redingotes ; l'entrée leur est rigoureusement interdite ; deux ou trois hallarbardiers repoussent d'une manière assez brutale les personnes qui sont assez malheureuses, pour se présenter avec de tels vêtements. *Exaucez-nous, Seigneur.*

Un fait non moins ridicule existe dans quelques églises de Paris, notamment à celle de la Madeleine, où le fait est des plus révoltants, par le trop petit espace réservé à ceux qui se rendent aux offices et qui ne veulent pas, comme aux baraques des saltimbanques, payer *dix centimes* pour leur place.

Deux personnes assistées de deux sergents de ville font payer fêtes et dimanches *dix centimes* à tout le monde qui entre dans l'Eglise, au-delà d'une très petite limite. Ceux qui ne paient pas leurs *dix centimes* restent encadrés près de la porte, comme des brebis dans un parc.

L'argent, l'argent.

(3) Je l'ai vu ce fameux *Gasparone*, et c'est ici que j'affirme que Gall et Lavater ont grandement erré. *Gasparone* ne ré-

pondait nullement à l'image que je m'en étais fait. Quoi, cet homme à face noble ; quoi, ce vieillard à l'œil doux, au sourire bienveillant et tranquille, était ce formidable phalange sans pareil. Cet homme pacifique, à l'air pieux et dévot, c'est le plus grand bandit du monde. Jamais physionomie plus respectable et plus gaie, voilà ce fameux brigand qui, la semaine travaillait avec le stylet et la carabine, et le dimanche priait Dieu.

(4) Les brigands sont tellement nombreux dans Rome, qu'en 1842, à l'exécution d'un bandit, 116 personnes furent grièvement blessées de coups de poignards, douze restèrent mortes sur place.

(5) Au café du grand *Scaco*, rue *del Corso*, souvent on m'a refusé certains biscuits, sous prétexte qu'on pourrait en manquer pour les abbés qui devaient venir après l'office.

(6) Pour éviter les clameurs de ceux qui sont aveuglément dévoués, et pour ne pas donner lieu aux criailleries des dévots et des dévotes qui parlent sans cesse de la religion sans la connaître, enfin pour ma propre satisfaction, et pour rassurer les vrais chrétiens, je me crois obligé de déclarer que je n'ai nullement le dessein d'attaquer le sacerdoce, ni d'offenser la religion de Jésus-Christ d'après l'Evangile. Cette religion est sublime, j'honore et je respecte tout ce qu'elle enseigne, et que je ne comprends pas. Mais je m'indigne contre bon nombre d'ecclésiastiques de Rome, contre les cardinaux surtout, qui violent en mille endroits le code évangélique, notamment en faisant chasser hors de leur présence les personnes en vestes ou en redingotes. Si l'édifice de la religion de Jésus-Christ n'était soutenue que par des colonnes aussi orgueilleuses que vermoulues, il finirait bientôt par menacer ruine.

Sèvres.—Imp. de M. CERF, rue Royale, 14.

CATALOGUE

DES

OUVRAGES DU MÊME AUTEUR

Publiés ou devant l'être ; tous ont suivi ou doivent suivre pour l'impression l'ordre établi dans la présente note.

1. *Louis XI et son Barbier*, comédie en un acte et en vers : jouée à Rouen, en 1832, avec un plein succès, (imprimée) , (feu le baron de Lisleroi, poltron et cagot, et par-dessus tout, original sans exemple, était le vrai portrait de Louis XI).

2. *Epidémie hydropique au château de Jols*, près d'Uzès (Gard) et au château des Barinques ou des *Bourriques*, près la Palud (Vaucluse), en vers libres et burlesques, petite brochure (imprimée).

3. *Dissertation nouvelle sur un sujet ancien*, in-18, divisée en deux parties (imprimé en deux éditions).

4. *Catastrophe, impressions, graves observations*, d'Auguste Robert, dans Saint-Pierre de Rome, avec des réflexions et des notes secrètes, très-curieuses, sur la cour de Grégoire XVI, (imprimé).

5. Facéties historiques, en vers libres et badins ; les scènes se passent au château de *Jols,* près d'Uzès (Gard), et au château des Barinques ou des *Bourriques ,* commune de la Motte (Vaucluse), appartenant au fameux *baron de* Lisleroi ; petite brochure.

6. *Le Serpent du jardin d'Eden,* un vol. in-8.

7. *Les Vapeurs d'une baronne,* guéries par un abbé, la crème des Jésuites, faits historiques et d'une rigoureuse vérité, un vol. in-8.

8. *Le Portefeuille* d'Auguste Robert, mélange curieux de pièces philosophiques, politiques, critiques, satiriques et galantes, un vol. in-8.

9. *Lettre philosophique d'un campagnard à son curé,* éminemment historique, 1 vol. in-8. (A M. Gonet, prêtre à Saint-Michel d'Uzet, (Gard).

10. *Poésies inodores,* petite brochure, pour faire suite à la Disssertation nouvelle sur un sujet ancien.

11. *Une Consultation* de médecin de Montpellier, morceaux curieux et très-piquants, petite brochure.

12. *Noël burlesque ,* petite brochure.

13. *Bibliographie* curieuse d'ouvrages rares et des plus précieux, dans le genre *Badin, erotique* et *gaillard,* imprimés, en latin, en italien, en français et en patois.

(Des fouilles faites en ce sujet depuis plus de vingt ans dans diverses bibliothèques d'Italie, de la France et de la Hollande me mettent au même de dévoiler bon nombre d'ouvrages qui n'ont jamais été cités dans aucune bibliographie).

14 *Historiettes et galanteries* de la baronne de ***, petite brochure.

5. *Notices* familières et piquantes, tant en prose qu'en vers, des

marquis et marquises de ***, de la baronne de *** et du comte de ***, 1 gros vol. in-8.

16. **Bouricade,** ou les prouesses d'un illustre amateur, comédie en quarante actes, en deux parties avec des notes et un portrait par Juski père, *scènes historiques*, 1 vol. In-8.

17. *Mélanges* de poésies burlesques et satiriques, un volume in-8.

18 *Manuscrits curieux* tombés de la poche du baron de **Lisleroi**, 1 vol. in-8.

19. *Les farces, folies, sottises, fredaines* et *bamboches* du baron de **Lisleroi**, pièces piquantes et très-curieuses ; 1 fort vol. in-8, divisé en trois parties.

20. *Dialogues libres, badins* et *philosophiques*, petite brochure.

21. *Satires* contre un médecin, trois juges et deux avoués, petite brochure.

22. *Les Tablettes* d'une gouvernante, mises au jour, morceaux singuliers et très-piquants, petite brochure.

23. *Cris des peuples* sur l'extirpation des rats, petite brochure.

24. *Guerre aux voleurs* en Robe, petite brochure.

25. *Malédictions* contre un charlatan, deux voleurs et un fripon, petite brochure.

26. Questions théologiques en forme de mémoire adressées à M. Dufètre, évêque de Nevers, — pas de réponse. Seconde lettre, toujours pas de réponse. Réclamation énergique de mon mémoire, il rompt enfin le silence pour nier l'avoir reçu, et cependant ce mémoire avait été remis par moi au bédeau de la cathédrale de Nîmes, et je le vis à six pas de moi décacheter le paquet, plainte en ce sujet à Monseigneur l'évêque de Nîmes.

— Nouveau silence, demandes réitérées de parler à M. Dufêtre. — Il n'est jamais visible. — Dernière réclamation de vive voix au curé de la cathédrale. *Le Mémoire, me dit-il, s'est égaré.* — Réflexion générale suivie de vingt-trois épitres en vers où je travaille *Monseigneur* Dufêtre.

(Bon nombre de notes recherchées à Tours, à Nevers et autres lieux me mettent à même de dévoiler contre cet évêques certains faits très curieux notamment sur le péché de l'*avarice* et de la *gourmandise.* Quelques historiettes en ce sujet sont insérées dans les feuilletons du *Courrier d'Indre-et-Loire,* voyez les numéros du premier trimestre de 1844, — (dans le temps que M. Dufêtre prêchait le carême à Nîmes, il n'était encore que vicaire-général de Monseigneur l'évêque de Tours).

27. *Comédie, comédie,* tout n'est que *comédie,* petite brochure.

28. *La nouvelle sauce Robert,* ou nouveau traité de quelques abus dans le catholicisme et dans les mœurs, un vol. in-8.

29. Guerre aux oiseaux et aux fruits, vers, escapade de ma jeunesse ; les scènes se passent à Monteren, près d'Uzès (Gard), petite brochure in-12.

30. *Cabribardibalincourade,* pièces badines, satyriques et singulières, un vol. in-8.

31. *Macédoine littéraire,* un vol. in-8.

32. Fragment Erotico-Burlesque, tant en prose qu'en vers, petite brochure.

33. Bibliographie des illustres impudiques, depuis le commencement du monde jusqu'à nos jours, ouvrage éminemment curieux.